Empresa
Emocional

Empresa Emocional

Copyright © 2023 da Starlin Alta Editora e Consultoria Eireli.
ISBN: 978-85-508-1841-2

Impresso no Brasil — 1ª Edição, 2023 — Edição revisada conforme o Acordo Ortográfico da Língua Portuguesa de 2009.

Dados Internacionais de Catalogação na Publicação (CIP) de acordo com ISBD

V443e   Veloso, André
            Empresa Emocional: Organismos vivos vão dominar o mundo dos negócios / André veloso; Kleber Couto. - Rio de Janeiro : Alta Books, 2023.
            192 p. ; 16cm x 23cm.

            Inclui bibliografia e índice.
            ISBN: 978-85-508-1841-2

            1. Administração. 2. Negócios. I. Couto, Kleber. II. Título.

2022-3305   CDD 658.4012
                                   CDL 65.011.4

Elaborado por Vagner Rodolfo da Silva - CRB-8/9410

Índice para catálogo sistemático:
1. Administração : Negócios 658.4012
2. Administração : Negócios 65.011.4

Todos os direitos estão reservados e protegidos por Lei. Nenhuma parte deste livro, sem autorização prévia por escrito da editora, poderá ser reproduzida ou transmitida. A violação dos Direitos Autorais é crime estabelecido na Lei nº 9.610/98 e com punição de acordo com o artigo 184 do Código Penal.

A editora não se responsabiliza pelo conteúdo da obra, formulada exclusivamente pelo(s) autor(es).

Marcas Registradas: Todos os termos mencionados e reconhecidos como Marca Registrada e/ou Comercial são de responsabilidade de seus proprietários. A editora informa não estar associada a nenhum produto e/ou fornecedor apresentado no livro.

Erratas e arquivos de apoio: No site da editora relatamos, com a devida correção, qualquer erro encontrado em nossos livros, bem como disponibilizamos arquivos de apoio se aplicáveis à obra em questão.

Acesse o site www.altabooks.com.br e procure pelo título do livro desejado para ter acesso às erratas, aos arquivos de apoio e/ou a outros conteúdos aplicáveis à obra.

Suporte Técnico: A obra é comercializada na forma em que está, sem direito a suporte técnico ou orientação pessoal/exclusiva ao leitor.

A editora não se responsabiliza pela manutenção, atualização e idioma dos sites referidos pelos autores nesta obra.

Produção Editorial
Editora Alta Books

Diretor Editorial
Anderson Vieira
anderson.vieira@altabooks.com.br

Editor
José Ruggeri
j.ruggeri@altabooks.com.br

Gerência Comercial
Claudio Lima
claudio@altabooks.com.br

Gerência Marketing
Andréa Guatiello
andrea@altabooks.com.br

Coordenação Comercial
Thiago Biaggi

Coordenação de Eventos
Viviane Paiva
comercial@altabooks.com.br

Coordenação ADM/Finc.
Solange Souza

Direitos Autorais
Raquel Porto
rights@altabooks.com.br

Assistente Editorial
Ana Clara Tambasco

Produtores Editoriais
Paulo Gomes
Maria de Lourdes Borges
Illysabelle Trajano
Thales Silva
Thiê Alves

Equipe Comercial
Adenir Gomes
Ana Carolina Marinho
Daiana Costa
Everson Rodrigo
Fillipe Amorim
Heber Garcia
Kaique Luiz
Luana dos Santos
Maira Conceição

Equipe Editorial
Beatriz de Assis
Betânia Santos
Brenda Rodrigues
Caroline David
Gabriela Paiva
Henrique Waldez
Kelry Oliveira
Marcelli Ferreira
Mariana Portugal
Matheus Mello
Milena Soares

Marketing Editorial
Amanda Mucci
Guilherme Nunes
Jessica Nogueira
Livia Carvalho
Pedro Guimarães
Talissa Araújo
Thiago Brito

Atuaram na edição desta obra:

Revisão Gramatical
Fernanda Lutfi
Thamiris Leiroza

Diagramação
Saavedra Edições

Capa
Marcelli Ferreira

Editora afiliada à: ASSOCIADO

ALTA BOOKS
GRUPO EDITORIAL

Rua Viúva Cláudio, 291 — Bairro Industrial do Jacaré
CEP: 20.970-031 — Rio de Janeiro (RJ)
Tels.: (21) 3278-8069 / 3278-8419
www.altabooks.com.br — altabooks@altabooks.com.br
Ouvidoria: ouvidoria@altabooks.com.br

Empresa Emocional

Organismos vivos que vão **dominar o mundo** dos negócios

André Veloso
Especialista em transformação digital

Kleber Couto
Liderou a transformação digital em grandes multinacionais como Abbott e Prudential

ALTA BOOKS
GRUPO EDITORIAL
Rio de Janeiro, 2023

SUMÁRIO

INTRODUÇÃO IX

PREFÁCIO XI

CAPÍTULO 1

As Razões Que Exigem Novas Maneiras de
Pensar e de Organizar as Empresas 1

Tudo Começa na Inglaterra… 3

Impactos da Nova Era no Mercado de Trabalho 11

CAPÍTULO 2

Pensando a Organização Como um Organismo Vivo 13

Uma Herança Histórica 14

A Entropia Corporativa 19

Um Mundo em Constante Mudança 22

E Aonde Foi Parar o Cliente 24

A Empresa Emocional 28

Checklist 33

CAPÍTULO 3

Coração: Sinta a Dor do Cliente 35

Por que Coração? 38

O Que Faz o Coração na Organização 39

Quais São as Responsabilidades do Coração? 41

Conhecimento: A Origem de Tudo 42

Experiência: A Tradução do Conhecimento 47

Mantendo o Ritmo Cardíaco Saudável 54

Colocando o Organismo em Marcha 58

Checklist 59

CAPÍTULO 4

Mente: Transformando Ideias em Produtos Viáveis 61

Por que Mente? 64

Gerando uma Corrente Positiva 65

Priorizando Por Meio da Razão 66

Quem Deve Participar Dessa Discussão? 68

O Primeiro Corte 69

Selecionando os Projetos a Serem Realizados 71

Os Papéis da Mente 75

Medindo o Desempenho da Mente 79

Acompanhando as Sinapses 80

Como Medir o Alcance de um Pensamento 82

Penso, Logo Existo? 86

Checklist 87

CAPÍTULO 5

Corpo: Mãos à Obra! 89

Por que Corpo? 92

Cabeça, Tronco e Membros 93

Um Alerta 95

Do Conceito à Prática 97

Abandonando o Sedentarismo 99

Mantendo a Forma 101

Medindo a Temperatura 103

Mens Sana in Corpore Sano 105

Checklist 107

CAPÍTULO 6

Alma: Aprender para Evoluir 109

Por que Alma? 112

Olhar para Si Mesmo 113

Criando a Biblioteca de Ideias 114

Administrar e Controlar 116

Aprender para Crescer 118

Os Elementos da Alma 120

O Plano Superior 121

Como Fazer Essa Mudança? 122

Checklist 123

CAPÍTULO 7

Os Desafios da Vida Real...125

A Resistência à Mudança...127

Nunca Parar de Comunicar e Engajar.........................134

Mudam as Forças, Mudam as Estruturas?.................136

O Coelho e a Tartaruga...138

Aprender É Parte do Jogo..139

Inovação Dá Medo...141

Reter para Crescer..142

CONCLUSÃO

Seja um Catalisador da Mudança.............................145

Anexo 1 - O Manifesto da Empresa Emocional..............149

Anexo 2 - Desafio do Pinball:
A Introdução do Conceito da Empresa Emocional............151

Anexo 3 - A Visão de Quem Participou......................158

BIBLIOGRAFIA.. 167

SOBRE OS AUTORES...................................... 169

AGRADECIMENTOS.. 171

ÍNDICE.. 175

INTRODUÇÃO

Ao longo de nossas carreiras profissionais, em diversos momentos nos deparamos com organizações com extremo potencial de desenvolvimento e crescimento, mas que não conseguiam entregar toda a sua capacidade por conta de uma estrutura e de processos que não estavam alinhados com seu discurso de orientação ao cliente.

Poucos anos atrás tivemos a oportunidade de começar uma operação no setor de seguros em que precisávamos de uma nova forma de operar, de trabalhar juntos e de evoluir como organização. Essa experiência prática consolidou uma série de ideias e conceitos que tínhamos desde a primeira vez em que trabalhamos juntos, mais de dez anos atrás, e que resultou neste livro.

Nos capítulos iniciais, você encontrará uma discussão sobre a evolução do modelo de negócios ao longo do tempo, o porquê e para que precisamos mudar — quando introduzimos o conceito da EMPRESA EMOCIONAL, em que organizações se transformam em organismos vivos e pulsantes.

Em seguida, do Capítulo 3 ao Capítulo 7, discutimos detalhadamente cada um dos organismos que a compõe — o CORAÇÃO,

IX

a MENTE, o CORPO e a ALMA — e de suas principais responsabilidades, papéis, indicadores de performance e pontos críticos para ter sucesso em sua implementação.

Ao final, trazemos uma discussão sobre os principais desafios para que a empresa passe por esse processo de transformação, baseada em nossas experiências práticas e em nossa interação com diversos colegas no mundo dos negócios que buscam fazer de suas empresas efetivamente empresas orientadas ao cliente.

Em cada capítulo, inserimos também uma lista de questões para ajudar o leitor a refletir sobre quanto sua empresa se encontra preparada para essa transição, e apoiar as discussões internas desse assunto.

Esperamos que esta leitura seja tão estimulante quanto foi para nós escrever este livro.

ANDRÉ E KLEBER

PREFÁCIO

Bem-vindo à **EMPRESA EMOCIONAL**!

A soma das cabeças destas duas feras, Kleber Couto e André Veloso, será capaz de ajudar você a encarar os desafios da transformação pela qual passa hoje o mundo dos negócios.

Os dois têm bagagem de sobra para dividir com o leitor. Ambos passaram por grandes empresas nacionais e multinacionais, sempre com o olhar dividido entre o foco nos processos e os cuidados com as equipes.

Fui parceiro do Kleber na estruturação de uma startup super à frente do seu tempo, que juntava uma ideia de identidade mundial única e a possibilidade de algo muito parecido com o atual PIX, chamada PERSONA.

Chamar uma empresa de emocional foi o que mais me chamou a atenção enquanto eu lia os originais das ideias deles, pois o normal é esquecermos que ela tem alma, e que são as pessoas da sua equipe que fazem a alma da sua empresa.

CORAÇÃO, **MENTE**, **CORPO** e **ALMA** são as entidades, com diferentes papéis nessa visão inovadora, que eles usam para montar o novo perfil de empresa. Empresa essa que, para "ganhar um campeonato" ou um negócio, realmente precisa de um time completo e complementar com titulares e reservas, e não apenas um craque individualista.

O **CORAÇÃO** sente a dor do cliente.

A **MENTE** transforma ideias em produtos.

O **CORPO** coloca as mãos à obra.

E a **ALMA** define a evolução da personalidade da empresa.

Você também conhecerá a importância de ir para o front a fim de ter na ponta dos dedos a sensibilidade das dores de seus clientes, parceiros e colaboradores, bem como os papéis do PO (Project Owner), BO (Business Owner) e PMO (Project Manager Officer), e a importância do entrosamento entre essas três funções para a perfeita execução de cada projeto da empresa emocional.

Espero que, após navegar por estas páginas de puras experiências práticas, você aceite o convite dos autores para ser um dos CATALISADORES dessa mudança que, no meu livro *Resolva!*, eu apresento dentro dos perfis dos avatares de cada equipe de trabalho como o RESOLVEDOR.

Boa leitura para você!

Fico aqui torcendo para que cada vez tenhamos mais empresas emocionais no mercado.

Saudações olímpicas!

MARCUS VINÍCIUS FREIRE
Sócio Fundador da Play 9
Diretor-executivo do Comitê Olímpico Brasileiro 2008-2016

CAPÍTULO 1

As Razões Que Exigem Novas Maneiras de Pensar e de Organizar as Empresas

"Hoje, os jovens que não perderam a ambição com as amargas experiências de trabalho sonham em ir para o Vale do Silício. É a meca das ambições de todo jovem, a ponta da lança da inovação, do progresso. Sabe qual é a média de um trabalhador em uma empresa do Vale do Silício? Oito meses."

ZYGMUNT BAUMAN
(Em entrevista à revista *MG Magazine*, aos 89 anos.)

PONTOS-CHAVE DESTE CAPÍTULO

Desde a Revolução Industrial, as organizações estão evoluindo e alterando sua forma de trabalhar para se adaptar às mudanças do mercado e dos modos de produção. Inicialmente com foco na produção, as empresas têm adotado visões e modelos cada vez mais próximos do mercado e do consumidor, procurando formas de otimizar seus recursos e investimentos. Dentro dessa perspectiva, e vivendo a Quarta Revolução Industrial, em que informação e conhecimento estão mais distribuídos e ao alcance do consumidor, impõe-se a necessidade de repensar o modelo de negócios novamente.

O sociólogo e filósofo polonês Zygmunt Bauman (1925-2017) definiu o mundo globalizado em que vivemos hoje como uma forma de "modernidade líquida". De acordo com a sua teoria, a liquidez e sua volatilidade seriam características que vieram desorganizar todas as esferas da vida social como o amor, a cultura, o trabalho e outras, tal qual as conhecíamos. Segundo ele, vivemos numa sociedade em que nada é fixo, e absolutamente tudo pode mudar. Neste mundo fluido, você não está comprometido com nada para sempre, e deve estar pronto para mudar a sintonia, a mente, em qualquer momento em que isso seja necessário. Como a água em um copo, que muda de forma e se adapta ao recipiente em que se encontra, esteja preparado para se adaptar, reagir e mudar com velocidade, para se transformar.

Seja bem-vindo a essa jornada, na qual vamos mostrar por que os organismos vivos vão dominar o mundo dos negócios, no qual agilidade* e flexibilidade** passam a ser as capacidades mais importantes para o sucesso, e consequentemente as empresas que resistirem a essa mudança desaparecerão sem deixar rastros.

Yuval Noah Harari, professor israelense, considerado um dos grandes escritores da atualidade, tornou-se uma celebridade mundial por conta de livros que discutem nosso passado e nosso futuro. É difusor da ideia de que estudar história é permitir imaginar um futuro diferente com base nas experiências que já vivemos; e é também a melhor forma de compreender as tendências e os ciclos dos acontecimentos para obter novas perspectivas ou apontar soluções

---

*   É a habilidade que permite mudar a direção do corpo no menor tempo possível. Conhecida como velocidade de "troca de direção".

** A flexibilidade cognitiva é a capacidade de conseguir interpretar determinadas situações ou informações a partir de vários pontos de vista e perspectivas.

diferentes. Inspirado por essa definição, antes de começarmos a falar do modelo da empresa emocional, suas implicações e o porquê de sua importância, vamos relembrar um pouco da história do capitalismo com destaque aos seus principais elementos e às suas consequências para a evolução das empresas e do trabalho.

TUDO COMEÇA NA INGLATERRA...

Embora possamos voltar ao início dos tempos para falar de negócios, podemos considerar que a Revolução Industrial é o primeiro grande marco de mudança na forma de se produzir e fazer negócios, um momento que estabeleceu as bases da indústria moderna. Nesse processo ocorreram profundas alterações nos métodos de transformação de matérias-primas naturais em produtos a partir do trabalho humano, acompanhados de grandes descobertas e avanços tecnológicos.

Primeira Revolução Industrial
(início do século XIX até meados do século XIX)

As revoluções sociais inglesas ocorridas no século XVIII possibilitaram a ascensão da burguesia ao poder, com a introdução de uma monarquia parlamentarista. Com os poderes nas mãos de um primeiro-ministro vindo da burguesia, foi possível utilizar o Estado inglês como forma de atingir os objetivos econômicos esperados, um fator determinante para o nascimento da Revolução Industrial.

Durante o predomínio da doutrina econômica mercantilista, nenhum outro país conseguiu acumular um volume tão grande de riquezas como a Inglaterra, por conta do intenso comércio realizado durante o capitalismo comercial. Essas riquezas foram sabiamente utilizadas na construção de infraestrutura para a extração de carvão mineral e matérias-primas, e para a instalação de indústrias.

Existiu um grande avanço nas técnicas e nos equipamentos para a produção, como a descoberta das máquinas a vapor que mudou completamente a história da produção provocando avanços em diversos setores como o têxtil, o naval e o metalúrgico.

Além disso, a existência de minério de ferro em abundância na Inglaterra também favoreceu a expansão das indústrias metalúrgicas, navais, ferroviárias e de máquinas.

E, por fim, veio o Enclosure Act (Lei do Cercamento dos Campos), que provocou a saída forçada de pessoas do meio rural em direção ao meio urbano, fazendo com que as cidades tivessem uma grande oferta de mão de obra para o trabalho nas indústrias. Esse processo foi tão intenso que gerou uma massa de trabalhadores desempregados, mantendo baixo o valor dos salários pagos ao proletariado. Com todos esses elementos, a Revolução Industrial pôde surgir e fazer da Inglaterra a grande potência mundial durante essa fase industrial do sistema capitalista.

Como consequência dessa abundância de mão de obra e de matéria-prima, e do grande investimento de produção, as empresas nesta fase eram, predominantemente, voltadas à maximização dos resultados que podiam ser obtidos em seus negócios, sem qualquer preocupação com o futuro do negócio, do entorno, dos colaboradores e, especialmente, dos clientes.

Segunda Revolução Industrial
(meados do século XIX até meados do século XX)

Ao longo do século XIX, o fenômeno industrial foi atingindo novos territórios e adquirindo novas formas, com uma ascensão importante de indústrias fora do continente europeu, principalmente nos EUA e no Japão.

O primeiro grande avanço a ser destacado foi a descoberta do aço: os produtos fabricados a partir dele teriam um tempo de vida maior e uma maior leveza, que facilitaria a sua circulação, além de permitir a produção de meios de transportes mais ágeis e com menor consumo de combustíveis, permitindo o desenvolvimento de novas áreas fabris e de produção, e desenvolvendo novas regiões, o que estimulava o crescimento econômico.

Depois veio a descoberta do petróleo, que além de ser utilizado como uma fonte de energia com grande poder de combustão, fornece vários derivados que são utilizados como matérias-primas e, em sequência, a invenção e o desenvolvimento do motor de combustão interna, que possibilitaria um melhor e mais econômico funcionamento das máquinas e dos meios de transporte.

O pioneirismo tecnológico e a liderança econômica dos EUA, que reuniam condições favoráveis na época, promoveram o surgimento de uma grande potência mundial em contraponto aos mercados europeus que começaram a ficar esgotados, gerando uma necessidade por novas áreas para a realização de investimentos, novos mercados consumidores e para a obtenção de matérias-primas e fontes de energia. Tais necessidades levaram as potências europeias à corrida imperialista na África e na Ásia, resultando dessa expansão a deterioração dos modos de viver nas colônias e dando início às Guerras Mundiais.

Ao longo desse momento, o desgaste econômico europeu, que passou por dois períodos de guerra intensos, e precisou de grande investimento apenas para recuperação de condições de vida e restauração de capacidade industrial também ajudou a definir o perfil dessa fase da indústria.

Ao contrário da maximização de resultados, que era o foco na etapa anterior, houve uma busca por simplificação dos processos produtivos, de maneira que fosse possível aumentar a produção de uma maneira mais simples, para que os produtos pudessem ser enviados a diferentes locais do mundo, alcançando novos mercados. Embora de forma ainda incipiente, começa-se a observar uma maior preocupação com a continuidade dos negócios e com o interesse de colaboradores e clientes, pois a maior oferta de opções pede, do lado da indústria, uma maior atenção a isso — somando-se, é claro, à chegada dos primeiros meios de comunicação em massa e ao desenvolvimento expressivo da indústria da publicidade, estimulando novos clientes a se identificarem com marcas e produtos e alavancarem vendas.

Terceira Revolução Industrial
(meados do século XX aos dias atuais)

A Terceira Revolução Industrial iniciou-se no século XX, na década de 1950, no contexto da Segunda Guerra Mundial, marcando o início da "Era da Informação".

Essa fase da Revolução Industrial foi marcada, especialmente, pelo aprimoramento de técnicas e avanços tecnológicos tanto no processo produtivo como no campo científico. Houve diversas inovações nas áreas da robótica, da genética, das telecomunicações, da eletrônica, do transporte e da infraestrutura. A intensa industrialização dos países envolvidos possibilitou o aumento da produtividade e contribuiu para a recuperação e o desenvolvimento econômico.

Muitas tecnologias desenvolvidas nesse período foram utilizadas para servir à Segunda Guerra Mundial, mas os avanços técnico-científico-informacionais foram muito além, possibilitando um novo cenário econômico e industrial no mundo todo. O surgimento da eletrônica foi um dos pontos marcantes dessa fase. Investimentos nessa área e na área de robótica por meio de computadores, satélites, softwares e robôs transformaram o modo de produzir, bem como a produtividade alcançada.

O mundo modernizou-se. Nas indústrias, passou a ser empregada a alta tecnologia capaz de realizar trabalhos de muita precisão em menos tempo e em maior quantidade. O campo da medicina também evoluiu de forma significativa, e a biotecnologia fez possível a produção de medicamentos, de instrumentos médicos, bem como de técnicas e métodos que revolucionaram o setor da saúde.

A área da telecomunicação, além de sofrer modificações significativas, transformou também a vida das pessoas no mundo todo. O rádio, a televisão, a internet, os celulares, enfim, a difusão de informações instantaneamente, e o que antes parecia distante, tornou-se realidade. Acabaram os limites geográficos. O mundo, finalmente, globalizou-se.

RESUMO DA EVOLUÇÃO DAS INDÚSTRIAS NOS SÉCULOS XIX E XX

Figura 1.1: A evolução da indústria nas três primeiras fases da Revolução Industrial.

Quarta Revolução Industrial (Indústria 4.0)

Atualmente, fala-se na Quarta Revolução Industrial. Estudos indicam que estamos vivendo uma nova fase da industrialização, também conhecida como Indústria 4.0, representada por um período de transição em relação ao desenvolvimento, ao avanço e ao aprimoramento das tecnologias.

Segundo o fundador e executivo do Fórum Econômico Mundial, o economista Klaus Schwab, a atual sociedade já vive essas transformações e essa nova fase modificará a forma como vivemos, nos organizamos, trabalhamos e nos relacionamos uns com os outros. Um conceito de indústria que engloba as principais inovações tecnológicas dos campos de automação, de controle e tecnologia da informação, e da inteligência artificial, aplicadas aos processos de manufatura tornando os processos produtivos mais inteligentes, eficientes, autônomos e customizáveis.

Isso significa um novo período no contexto das grandes revoluções industriais. Com fábricas inteligentes, diversas mudanças ocorrerão na forma que os produtos serão manufaturados, terão a capacidade e a autonomia para agendar manutenções, prever falhas nos processos e se adaptar aos requisitos e às mudanças não planejadas na produção, causando impactos em diversos setores do mercado.

Existem seis princípios para o desenvolvimento e para a implantação da Indústria 4.0 que definem os sistemas de produção inteligentes que tendem a surgir e se desenvolver nos próximos anos. São eles:

1. **Interoperabilidade ou conectividade**

   Trata-se da capacidade de garantir conexão, troca de informação e colaboração relevante entre os sistemas, as máquinas e as pessoas.

2. **Virtualização**

   Capacidade de monitorar processos físicos por meio da simulação e da criação de cópias de elementos reais alimentadas pelos dados obtidos a partir de sensores.

3. **Tempo real**

   Mais do que a capacidade de coletar dados, é a capacidade de trabalhar em tempo real, tomando decisões com base em novos achados ou predições.

4. **Descentralização ou autonomia**

   Capacidade de tomar decisões distribuída e independente, não centralizada, aumentando a capacidade de resolver problemas assim que eles surgem, onde eles surgem. Com isso, o ambiente operacional garante flexibilidade e fluidez.

5. Modularidade

Capacidade de se adaptar a mudanças abruptas no contexto e nas condições com rapidez e sem grandes impactos.

6. Orientação a serviços

Oferta de produtos com base nas exigências específicas do cliente, aproximando a oferta de bens à de serviços personalizados.

O Fórum Econômico Mundial produziu um relatório chamado "Operating Models for the Future of Consumption" apresentando de forma muito interessante como a Indústria 4.0 alterará o ambiente competitivo, principalmente em função de três tendências principais:

1. Tecnologias disruptivas

Atualmente o impacto das tecnologias é exponencialmente maior em função da maior capacidade das inovações individuais trabalharem juntas. Essas tecnologias combinadas estão reformulando o mercado e permitem que novos entrantes ofereçam métodos novos de engajar o consumidor/cliente.

2. Proliferação de novos modelos de negócios

O rápido crescimento de novos modelos de negócios aumenta muito a probabilidade de que novas empresas terão uma entrega de valor muito mais precisa em relação às necessidades dos consumidores.

3. Aumento do poder dos consumidores

Consumidores sempre conectados têm expectativas muito maiores do que antes e os novos modelos de negócio proporcionam diferentes formas desses consumidores descobrirem, comprarem e se engajarem.

IMPACTOS DA NOVA ERA NO MERCADO DE TRABALHO

É preciso que se inicie um processo de adaptação sob pena das empresas que hoje dominam o mercado não sobreviverem neste novo cenário. Os avanços em poder computacional, IA, robótica e ciências de materiais podem acelerar a mudança para produtos sustentáveis. Novas técnicas de manufatura digital, incluindo impressão 3D, irão aproximar o processo produtivo dos clientes e tornar a manutenção de peças mais rápida e barata. As inovações em biotecnologia podem permitir a substituição de ossos e o transplante de órgãos a partir de impressões 3D das células-tronco de um paciente e novas tecnologias de energia podem criar fontes de baixo custo e sustentáveis para liberar o planeta dos combustíveis fósseis originados na Primeira Revolução Industrial.

No entanto, o ponto mais discutido sobre esses avanços são os esperados impactos no mercado de trabalho e na demanda de mão de obra. É esperado que as atividades manuais e repetitivas serão gradualmente eliminadas, muitas carreiras se tornarão obsoletas, mas diversas outras surgirão no mercado de trabalho. Um estudo promovido pela Dell Technologies prevê que 85% das profissões disponíveis em 2030 sequer foram inventadas.

O Que Aprendemos com as Revoluções e o Que Esperar do Futuro do Trabalho

A Primeira Revolução Industrial foi marcada pela substituição da produção artesanal pelas indústrias com o surgimento das máquinas movidas a vapor. Na Segunda Revolução, o uso do aço e do petróleo promoveu diversas alterações na sociedade e na indústria. A Terceira Revolução foi caracterizada pela robótica, pelo avanço nas ciências e na tecnologia, além da informática e da globalização.

A Quarta Revolução é diferente de tudo que já experimentamos, ao mesmo tempo que é a evolução natural de tudo que foi construído nas revoluções anteriores. São novas tecnologias que estão unindo os mundos físico, digital e biológico de forma a criar grandes promessas e possíveis perigos para a sociedade.

A evolução da tecnologia, a modificação da mão de obra cada vez mais qualificada e a necessidade crescente de produzir mais com menos, em um menor tempo e ainda reduzindo o impacto no meio ambiente, vêm provocando mudanças significativas na sociedade. O trabalho vem sendo caracterizado por colaborações entre humanos e máquinas, pelo foco na solução de problemas, em vez do cumprimento de tarefas e gerenciamento de relações humanas, obrigando as empresas a repensar a sua organização.

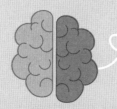

CAPÍTULO 2

Pensando a Organização Como um Organismo Vivo

PONTOS-CHAVE DESTE CAPÍTULO

A evolução do mercado e das empresas, que traz a informação e o conhecimento para o centro das discussões do negócio, e permite uma rápida disseminação de qualquer acontecimento, exige que as organizações tragam os clientes cada vez mais para o centro de seu negócio de maneira real. Não existe mais lugar para empresas que apenas declaram seu foco no cliente sem praticar efetivamente esse conceito.

Para ser efetivo nessa direção, é preciso mudar também a forma como as empresas se organizam e pensam suas práticas diárias, de maneira que ela seja dirigida realmente pelo que importa, o cliente. É assim que surge o conceito da empresa emocional, que quebra os silos tradicionais e integra os papéis e as funções de modo diferente, baseando-se na ideia de sentir as dores do cliente e organizar seus times ao redor desse fato.

Assim surgem os times de Coração, Mente, Corpo e Alma, que vão integrar diferentes papéis das organizações atuais em um formato inovador, que estimula a colaboração e o compartilhamento de conhecimento para permitir que a empresa evolua e se perpetue.

Uma das principais características das organizações tradicionais é a segmentação das estruturas a partir de suas áreas de especialidade, um modelo em que os silos de conhecimento se estabelecem e, como donas da informação, cada área desenha seu modo de operação, agarra-se aos seus processos e resiste a mudar para não perder poder.

Cada área trabalha também por projetos e processos em que, em um longo período, trabalha com premissas que colheu no início do processo, envolvendo clientes internos e externos, novamente, apenas no fim do processo, e deixando de entender e de responder às mudanças que acontecem durante esse tempo.

As organizações precisam aprender a reagir e a desenvolver mecanismos e mecânicas para capturar este feedback de maneira eficiente ao longo do tempo, e garantir que os processos não são estanques, mas sim evolutivos, e que acompanham as necessidades do cliente ao longo do tempo. Neste capítulo, vamos falar um pouco mais sobre esta necessidade de mudança, e sobre uma nova forma de pensar a estrutura corporativa.

UMA HERANÇA HISTÓRICA

Desde a época da industrialização, as empresas e as organizações de todas as áreas — fornecedoras de serviços, de produtos ou mesmo empresas mais recentes de segmentos como tecnologia ou serviços digitais — estruturaram seu crescimento e seu modelo de negócios em torno da especialização de funções.

É totalmente compreensível que tenha sido assim, já que o próprio modelo das universidades e extensões acadêmicas tem, geralmente, foco em formar profissionais especialistas que conhecem muito bem suas atividades e suas responsabilidades, e que são preparados para ter responsabilidade em uma parte do processo ou em estar orientados a resolver a sua parte nas questões corporativas sem se preocupar tanto com o todo.

Um bom paralelo para entender essa situação é pensarmos na organização tradicional como um hospital em que temos médicos das diferentes especialidades. O que fazemos hoje em nossas empresas é procurar cada especialista separadamente, mostrando a ele os exames e os dados que parecem importantes para ele analisar, e esperamos que nos dê um diagnóstico correto. Dentro de sua especialidade, esse profissional é capaz de indicar um tratamento, mas, por não ter uma visão do todo, talvez não resolva o problema. E se procurarmos diferentes profissionais dentro desse mesmo hospital, mostrando a eles os mesmos exames, possivelmente teremos diferentes diagnósticos e recomendações de tratamento — que, combinadas, muitas vezes não resolvem o problema, podendo até piorar a situação do paciente.

Em uma empresa, muitas vezes acontece o mesmo. Gerentes de produto, ao desenvolverem a sua estratégia para reverter a curva de queda de uma marca, pensam em soluções que atendem a seus clientes ou, na maioria das vezes, soluções que aumentem o resultado em vendas, mas sem entender todos os impactos na cadeia de produção ou mesmo na área financeira. Por outro lado, se entregarmos o problema ao gerente financeiro, ele provavelmente buscará soluções que aumentem a margem do produto ou que tragam retorno em curto prazo, sem avaliar corretamente a percepção do consumidor sobre essas mudanças ou o potencial comprometimento do negócio em médio e longo prazos.

Esta forma de organização, desenhada a partir de funções estruturadas e de papéis e responsabilidades definidos com base em tarefas operacionais ou entregas individuais, também tem outra razão importante para ser bem difundida e utilizada de forma tão ampla, sobrevivendo a diferentes ondas de mudanças nos modelos de organizações de gestão: as maiores facilidade e simplicidade no momento de avaliar a performance dos colaboradores e fazer as avaliações necessárias de rendimento de cada área ou de uma divisão ou unidade.

Gestores e empresas estão acostumados com a definição de metas que recompensem o indivíduo não pela sua maneira de colaborar para a organização, ou para projetos de negócio, mas pelo cumprimento de metas individuais ou específicas, que ampliam a cultura de isolamento ou de trabalhar em benefício de um negócio em vez de olhar o todo. Em muitos modelos de negócio, o modelo de remuneração e prêmio estabelece uma regra de que entre 30% e 40% dos objetivos devem estar associados a metas de divisão e corporativas, enquanto entre 60% e 70% das metas devem estar ligadas a objetivos do indivíduo e à sua área específica. Parece um modelo que estimula o pensamento de longo prazo para você?

Produtos	Tratados de forma independente ou por marca
Objetivos	Individuais e separados por área
Foco	Retorno rápido e rentabilidade
Estrutura	Em silos por funções
Pessoas	Especialistas por função

PENSANDO A ORGANIZAÇÃO COMO UM ORGANISMO VIVO

Duas das empresas que estudamos neste processo, uma gigante do ramo de bebidas e outra do ramo de alimentos, chegavam ao limite de recompensar o ganho de mercado de produtos ou marcas individuais, mesmo que ele fosse obtido ganhando mercado de outras marcas da própria companhia. Durante muito tempo, a participação total de mercado dessas empresas esteve fora das metas dos gerentes de produto, e era considerada apenas nas metas de diretores e vice-presidentes, de forma que a competição dentro do negócio era predatória e, em vez de ter o foco em ganhar mercado da concorrência, os gestores se concentravam em ganhar espaço com os executivos a qualquer custo para ganhar a batalha interna por atenção e espaço.

Durante todo o século passado, e nas duas primeiras décadas do século XXI, as empresas têm lutado contra esta sua herança histórica, mas, na maior parte das vezes, apenas repetem os erros da fórmula anterior em diferentes escalas de modelos. Se pensarmos, por exemplo, em organizações que estão buscando reduzir seu quadro de funcionários demitindo colaboradores e mantendo os melhores especialistas, o que acabam fazendo, em vez de estimular o pensamento sistêmico, é estimular seus colaboradores a buscarem cada vez mais a excelência em suas áreas, em suas especialidades e, com isso, a se preocuparem cada vez menos com outros impactos, pensando que ser o melhor em sua área lhes protegerá de futuras mudanças ou cortes na organização.

Já as empresas que estão buscando mudar seu modelo de negócio por meio da união de funções operacionais em menos papéis, e com isso fazendo com que um número menor de colaboradores tenha responsabilidade sobre uma gama maior de produtos, funções ou atividades, reforça o modelo de isolamento ao sobrecarregar esses colaboradores de maneira que a quantidade de tarefas e de responsabilidades não permite que eles busquem a colaboração ou o trabalho em equipe, pois qualquer discussão adicional pode impactar suas tarefas, entregas e deadlines.

E o que dizer então das empresas que decidem ser mais horizontais e, em seu esforço para conseguir manter seus negócios rentáveis e alinhados com práticas de gestão mais recentes, cortam as gerências de níveis intermediários, deixando apenas os níveis mais próximos da execução e aqueles de alta gestão com conexão direta? Sobre essas empresas, pelo menos podemos dizer que têm uma intenção que aponta na direção correta, e que o conceito por trás da mudança, de aproximar o cliente e a linha de frente dos executivos, é uma das mudanças-chave de qualquer organização, e uma das propostas centrais deste livro (que discutiremos mais adiante).

O ponto a ser considerado, neste cenário, é se, ao ser mais horizontal, a empresa não está abrindo mão exatamente das camadas que têm por razão de ser a aproximação entre as áreas e a gestão do processo de forma integrada, e se os executivos que ficam têm a proximidade suficiente com o cliente e com o negócio para fazer acontecer. A grande questão, nesse caso, é entender e avaliar se a razão verdadeira da mudança é aproximar a empresa do cliente ou apenas reduzir os custos de overhead do negócio, pois a medida, se tomada pelas razões erradas, pode exigir que a empresa volte atrás em sua decisão, o que impactará de maneira muito negativa seus colaboradores e seu ambiente de negócios.

A ENTROPIA CORPORATIVA

A maior parte dessas decisões de negócio, ou dos princípios que observamos nesses modelos tradicionais de gestão, acaba levando a organização a um dos maiores riscos para a continuidade dos negócios de grandes corporações: a criação e o estabelecimento de silos nas organizações, e a falta de colaboração entre as diferentes unidades de negócio.

Embora esse processo de isolamento e de autofoco aconteça também dentro de áreas de suporte, como finanças, tecnologia e outras áreas complementares, vamos nos concentrar, neste momento, no impacto que este autoisolamento tem sobre as áreas de negócio, como marketing e vendas, pois o baque é sentido mais diretamente nos resultados corporativos e na capacidade que a organização tem de se desenvolver e de crescer.

Em uma grande empresa de seguros norte-americana, os negócios eram divididos em cinco áreas que iam da oferta de previdência privada à gestão de investimentos. Durante mais de cinquenta anos, embora trabalhassem os mesmos clientes, e com um interesse comum — sua segurança e seu bem-estar financeiro, essas unidades trabalharam de maneira isolada. O resultado? Mesmo sendo uma das maiores empresas de seguros do país, apenas 4% de seus clientes tinham mais de um produto da empresa ou eram clientes de mais de uma divisão. E quando precisavam de atendimento, ou resolver questões ligadas aos produtos que possuíam, eram atendidos por cinco áreas diferentes com princípios de negócio e parâmetros também diferentes.

Não é incomum que, mesmo em empresas que trabalham com apenas um tipo de negócio ou produto, mas também possuem diferentes marcas, como a empresa de bebidas que mencionamos no item anterior, este processo de entropia corporativa aconteça, e a energia gasta em manter seu negócio funcionando, ou olhando para os processos internos, seja maior do que a energia gasta olhando para o consumidor e tentando fazer o negócio da empresa crescer como um todo.

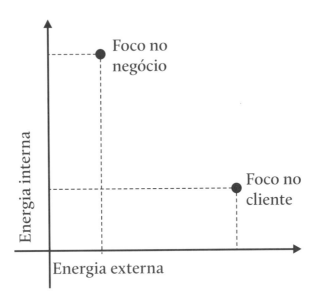

Figura 2.1: Quanto maior o gasto de energia em funções internas, menores o tempo e o esforço dedicados ao cliente, considerando uma mesma equipe.

Não é à toa que a imagem de um silo tem sido usada na literatura de negócios para descrever este modelo de isolamento de cada unidade de uma empresa: os silos são altamente funcionais e têm grande eficiência em cumprir o seu papel de manter grãos e produtos agrícolas bem conservados, até o momento de seu consumo e uso, isolando complemente o que tem dentro dele do mundo exterior. Conjuntos enormes de silos com produtos diferentes são vistos lado a lado em várias partes da cadeia produtiva, e não temos notícia de nenhuma mistura de produtos.

Assim também são os silos corporativos: autocentrados e focados apenas em sua missão — não estão integrados com a companhia ao seu redor, preocupados apenas com aquilo que vai ser avaliado ao final de cada "safra", de cada ano. Como acontece com os silos da vida real, normalmente também são enormes estruturas que se destacam na paisagem corporativa, e dominam o espaço ao seu redor, fazendo com que todo o processo produtivo gire ao seu redor, mas sem mudar sua forma de ser e de agir ao longo do tempo.

Há mais uma semelhança importante quando falamos dos silos da agricultura e dos silos empresariais: a maneira como eles colapsam. Segundo a NR33 — Espaços Confinados, da NBR 14.787 da ABNT e de alguns itens da NR 18 — Construção Civil do Ministério do Trabalho, silos são considerados espaços confinados fixos, e o maior risco que existe, em seu dia a dia é a explosão por acúmulo excessivo de energia dentro deles, como resultado da combustão de poeira e dos gases liberados dentro desses espaços ao longo do tempo, que são aquecidos pelo calor externo e exercem uma pressão que as paredes dos silos não podem aguentar.

Da mesma forma, silos corporativos acabam se concentrando tanto em seu movimento de autofoco, e em seu processo de isolamento, que terminam por gerar conflitos e distanciamento entre os próprios membros da equipe, que enxergam na autossuficiência uma forma de provar seu valor de maneira mais efetiva, exatamente como faz o silo, apenas em menor escala. A partir deste momento, a pressão interna começa a crescer, e as sensibilidades aparecem, com ainda menor colaboração dentro do time até o momento em que a pressão corporativa externa por resultados faz com que o silo desmorone, e a unidade de negócios perca performance e desempenho de maneira muito rápida e, algumas vezes, definitiva.

E, como nos silos, quando esse processo acontece, não há medidas rápidas que possam ser tomadas: o conhecimento do negócio estava tão concentrado e, em muitos casos, afastado da organização, que não há recursos dentro da empresa com conhecimento suficiente do negócio para poder agir e consertar o dano que está acontecendo. Isso quando ele pode ser consertado.

UM MUNDO EM CONSTANTE MUDANÇA

Durante todo o século passado este modelo de negócios conseguiu se manter funcionando por existir dentro de um ambiente em que a velocidade de mudança era muito pequena e, assim, a organização tinha tempo de se adaptar quando era necessário, conseguindo assimilar a mudança sem grandes variações no *status quo*. Com a transformação digital que estamos assistindo, e a velocidade com que a informação tem se disseminado, as empresas não conseguem mais trabalhar de forma tão compartimentada, uma vez que precisam se adaptar mais rápido e constantemente.

Exemplos mais radicais — como a história da Kodak, que desapareceu, apesar de ser dominante no mercado de fotografia, por não conseguir desenvolver as capacidades necessárias para se estabelecer no mercado de fotografia digital; ou a da Blockbuster, que se especializou em um tipo de serviço que acabou tendo vida curta — são apenas a ponta mais visível, e extrema, de um fenômeno que está afetando todas as empresas. Diariamente temos conhecimento e inovações, ou avanços, que nos fazem repensar a nossa maneira de agir e de trabalhar, influenciando cada instante de nossos dias. E isso afeta todas as áreas de negócio, mesmo aquelas que já nasceram sobre este signo de inovação, e parecem mais preparadas para isso. Se pensarmos no Google, por exemplo, vemos uma empresa que está baseada no princípio do buscador de palavras, em que a solução é oferecida junto com links patrocinados e anúncios, comercializando esse espaço como principal fonte de renda — um negócio bastante forte hoje, e a base da internet. Mas, se você já usou um assistente de voz como a Siri da Apple ou a Alexa da Amazon, sabe que nesses casos recebe apenas uma resposta em áudio e direcionada para a sua pergunta. Consegue imaginar o impacto do crescimento desse tipo de equipamento nos negócios do Google? Ou a mudança necessária em seu modelo de negócios?

É por isso que falamos da necessidade de ter uma organização mais flexível, mais maleável, e que consiga se adaptar à velocidade do mundo. Entender essa necessidade é a característica fundamental que tem diferenciado o modelo de gerenciamento de startups do modelo tradicional. Uma perspectiva diferente ao construir a empresa faz toda diferença, e essa visão, muito próxima da mentalidade do fundador — de ter o foco sempre no negócio principal —, conforme Chris Zook e James Allen escreveram, precisa ser mantida ao longo do tempo ou então retomada como um elemento de mudança fundamental para que as organizações consigam se adaptar e sobreviver em um ambiente tão dinâmico.

Uma empresa que reage a mudanças rapidamente, e, para isso, precisa quebrar os silos que existem internamente com o objetivo de poder reagir antes que seus negócios sejam comprometidos é a solução mais lógica de ser implementada, mas o grande desafio que surge, neste momento, é como fazer isso quando os principais modelos de organizações duradouras que temos são mais tradicionais e têm buscado evoluir ao longo dos tempos justamente para estarem mais orientados e organizados ao redor das necessidades dos clientes?

E AONDE FOI PARAR O CLIENTE

Aliás, esta é uma das discussões mais interessantes quando falamos sobre pensar a organização em um novo modelo, e repensar a forma como estamos trabalhando para sermos mais eficientes: como estas iniciativas podem contribuir para que a empresa seja mais centrada nos clientes do que no modelo anterior?

A primeira questão a evitar nesses casos é deixar que, como aconteceu em muitas empresas, o foco no cliente seja apenas um discurso e acabe não se transformando em prática. Todos nós conhecemos empresas que têm enormes declarações sobre como se preocupam com seus clientes e como estão trabalhando colocando suas necessidades em primeiro lugar, mas que, na verdade, acabam se ocupando mais de suas práticas tradicionais e deixam que seus processos "vençam" a briga entre o mundo exterior e o mundo interior, e predominem nas discussões. Um ótimo exemplo são os contact centers, que estão se tornando cada vez mais padronizados, e, cada dia mais, torna-se complicado para um cliente com um problema, que exige intervenção humana, chegar a uma pessoa que possa ouvi-lo e resolver a questão.

Figura 2.2: O teste real do Foco no Cliente:
entre estas duas chamadas, quem ganha prioridade na empresa?

O desenvolvimento de mercados de massa tem ajudado neste processo de despersonalização e automação de processos, ao exigir das empresas que atendam a seus clientes em um volume cada vez maior, em tempos cada vez menores, já que temos concorrentes o tempo todo batendo na porta dos consumidores oferecendo serviços similares — uma consequência da capacidade cada vez menor de diferenciação de produtos que estamos vendo, e da rapidez com que inovações podem hoje ser copiadas ou reproduzidas.

Essa comoditização de produtos e serviços, ao longo do tempo, também teve um segundo efeito negativo em empresas e indústrias: a acomodação. Enquanto a inovação era garantia de novos negócios e mercados, observávamos um investimento real e necessário no desenvolvimento de novas soluções, que, muitas vezes, abriam novos horizontes e, em alguns momentos, até reorientavam a linha de negócios das empresas. Alguns exemplos simples desta história são o Walkman, que levou a Sony a outro patamar; o iPhone, que transformou a Apple, uma empresa de computadores, em uma empresa de dispositivos conectados; e as câmeras digitais, que multiplicaram a capacidade e a qualidade de registros amadores e profissionais.

Essas situações, entretanto, têm sido cada vez menos frequentes, e a acomodação, como escrevemos, tem relação direta com a maior facilidade de cópia e reprodução de diferenciais de produtos. Certa vez ouvi de um diretor de uma empresa de produtos de consumo que, quando seu concorrente desenvolvia um novo diferencial em seu sabão em pó, ele não levava mais de dois meses para entender o que havia acontecido e saber como reproduzir ou fazer de forma similar, tamanhas as ferramentas de análise à sua disposição. Assim, o investimento em inovação real e transformadora foi sendo reduzido, e acabou, de forma não esperada, aparecendo em outro lugar: nas pequenas startups.

Pequenas empresas, aliás, sempre foram motores de transformação. Os negócios mais inovadores da história começaram sempre pela ousadia e pela capacidade de seus criadores, fundadores ou inventores de questionar o que viam ao seu redor e, com uma boa dose de dificuldade e sofrimento, de colocar seus negócios para funcionar e, ao longo do tempo, de mudar seus mercados. A diferença hoje é que estes processos de fomento, desenvolvimento, lançamento e difusão de novos produtos e serviços estão muito mais rápidos, atingindo em questão de meses ou anos volumes de negócios inacreditáveis.

Estes novos produtos, que fizeram as indústrias tradicionais como as de transporte individual (táxis e fabricantes de automóveis) e hotelaria e entretenimento (Airbnb), por exemplo, terem de repensar seus modelos de negócio, têm também uma segunda caraterística em comum. Além da rapidez de desenvolvimento e inovação tão discutida em diversos fóruns, e destes sobre a nova economia, são serviços que efetivamente colocam o consumidor como protagonista, e que já nascem evitando o erro que mencionamos no início desta seção: ter o foco no cliente apenas como um discurso.

Se tomarmos a Uber como exemplo, vamos observar que os dois clientes que a empresa tem como públicos principais estão exercendo alto grau de protagonismo: motoristas e passageiros têm, ambos, ferramentas para decidir praticamente tudo sobre suas viagens. O motorista decide aceitar ou não as corridas, faz seu turno de trabalho, recebe informações sobre zonas de maior e menor procura, áreas de restrição e, no fim de sua corrida, avalia o passageiro para que outros possam saber o perfil com que trabalharão. O passageiro, por sua vez, escolhe o tipo de veículo, necessidades especiais, e pode monitorar o preço da corrida até que ela esteja em um nível satisfatório, recebendo inclusive a informação de quanto ela está mais alta que o normal. Além disso, também avalia e pode elogiar ou criticar o motorista e o serviço que recebeu. Mas, o mais importante nisso, é que essas ações não são apenas "pro forma", ou seja, a empresa efetivamente utiliza essas informações com o objetivo de melhorar sua oferta para esses dois públicos... um passageiro e um motorista podem, nos dois casos, ser suspensos ou mesmo impedidos de terem conta na Uber se recebem seguidas avaliações baixas ou não atendem aos padrões definidos de comportamento e performance; e, em algumas cidades, motoristas agora têm limitações de tempo em serviço, pois a empresa notou que a performance deles decaia depois de muito tempo dirigindo, e proativamente criou limites antes que eles caíssem nestas categorias de suspensão e expulsão.

Esses exemplos de organizações efetivamente orientadas ao cliente mostram como o modelo de negócios pode evoluir, e diferenciar a empresa, quando ela deixa de se concentrar na entropia, de ter sua maior energia corporativa gasta em processos e burocracias internas, e passa a canalizar essa energia para o mercado e para o mundo exterior. Todo o conhecimento e o esforço da organização, nesse sentido, começa a se tornar um verdadeiro gerador de negócios, mas, para isso, é preciso primeiro mudar a maneira da empresa pensar sua forma de trabalhar, de se estruturar, de pensar seus cargos e funções e, em algum momento, até a maneira como gerencia suas metas e seus objetivos. Enfim, é preciso pensar de forma diferente para que a empresa possa evoluir, e adotar práticas mais adequadas ao século em que estamos, aproveitando os novos canais de comunicação e as facilidades oferecidas hoje pela tecnologia em um modelo mais flexível, mais dinâmico e que permita realmente que a empresa possa reagir de maneira rápida e efetiva ao que escutar de seus consumidores e aos movimentos que acontecem ao seu redor.

A EMPRESA EMOCIONAL

Esse processo evolutivo é necessário para que a empresa possa sobreviver, e se perpetuar. Durante muito tempo, as organizações foram estudadas e analisadas apenas do ponto de vista social e estrutural, como grupos em formação ou a partir de suas interações e da maneira como se integravam, pensando em formar sistemas e processos que fossem mais eficientes e que permitissem à organização caminhar de maneira mais organizada.

O que estamos propondo neste livro é uma abordagem diferente, na qual não estamos pensando a empresa como uma organização estrutural e como uma reunião de pessoas, mas sim como um ser que se transforma e evolui a partir da integração de suas partes e da contribuição que cada uma delas dá para o funcionamento do todo.

Assim, esta nova maneira de pensar as empresas e seu modelo de trabalhar passa a enxergá-las em seus processos de mudança de maneira muito similar ao que acontece com os seres humanos e animais, em que ela aprende com os desafios que enfrenta e, a partir da reunião de capacidades de cada célula ou elemento que a compõe, desenvolve novas capacidades ou se reorganiza de maneira a estar melhor capacitada para o novo momento.

Por isso entendemos que o melhor paralelo para essa nova organização não é um modelo de relações sociais ou de trabalho, mas sim organismo vivo, mutante e responsivo, que se adapta ao ecossistema social e econômico em que está, para sobreviver da melhor forma possível.

Esse organismo vivo precisa ser flexível e adaptável, redefinindo seu formato e sua estrutura de acordo com a necessidade de cada momento, por isso o chamamos de empresa emocional. Como um camaleão, a empresa entende as variáveis de seu entorno e muda de maneira a estar integrada a ele usando o melhor de suas habilidades, e explorando os talentos de seus colaboradores, mais preocupada com a forma como colaboram em cada iniciativa ou projeto do que com seus títulos e papéis formais.

Em uma organização emocional os papéis não são definidos por aquilo que executam, como acontece no modelo tradicional em que marketing, finanças, TI etc. sabem qual deve ser seu resultado apenas por ler seu job description, mas pela capacidade de colaborar naquele momento específico. As estruturas de reporte nessa organização são meramente para efeito de gestão de recursos, pois a alocação é diferente a cada momento no tempo.

Basicamente, a organização emocional trabalha sobre quatro grandes pilares, que permitem a ela ter, ao mesmo tempo, o conhecimento necessário sobre os clientes e fazer a entrega de produtos que atendem a esses clientes de forma evolutiva ao longo do tempo, formando um ecossistema que conecta todos os pontos da organização ao redor do cliente.

A empresa emocional respira clientes e suas necessidades diariamente, usando esse insumo como sua base para crescer e desenvolver suas capacidades e seus talentos, trazendo efetivamente essa inspiração para ter protagonismo em todas as suas decisões. O cliente é o oxigênio que movimenta toda a engrenagem, e que dá a energia necessária para a organização caminhar e se solidificar para durar. Como o cliente não é um organismo 100% racional, a empresa também não pode ser. Ela precisa sentir essas necessidades como se fossem as suas, e elaborar seus produtos e serviços a partir delas. Por isso, identificamos essa parte do processo de negócios como o CORAÇÃO, e, como veremos no Capítulo 3, existem muitas skills necessárias na equipe, assim como conhecimento e metodologias, para que a empresa possa efetivamente trabalhar com esse princípio permeando suas atividades em geral.

Figura 2.3: As 4 dimensões da empresa emocional.

Uma vez que essas necessidades são entendidas, conhecidas e classificadas, de acordo com a capacidade da organização em atendê-las, é preciso que parte do time passe a se dedicar a aterrissar aquilo que está sendo pensado e transformar essas ideias e esses conceitos criados com o Coração em um produto ou serviço real e possível de ser desenvolvido. Esse é o time que chamamos de MENTE, que detalharemos no Capítulo 4 e será o especialista em metodologias de implementação, processos, cronogramas, e tudo mais que é necessário mobilizar dentro do negócio para viabilizar o desenvolvimento necessário à mudança.

Coração e Mente podem criar a melhor solução para as necessidades que identificam em seus clientes — e podem entregar utilizando os recursos, as capacidades e os talentos da organização, dentro de seu propósito —, mas não têm entre as suas capacidades pessoas com o conhecimento técnico necessário para efetivamente construir o produto ou o serviço tal qual foi definido. Para isso, se forma um time que chamamos de CORPO, no qual se concentram os especialistas nas diferentes disciplinas necessárias ao negócio. Esse time é, provavelmente, como veremos no Capítulo 5, aquele em que se encontram os especialistas mais ligados à produção, à tecnologia e ao core do negócio, de forma que, liderados pela Mente, possam construir um produto sustentável e escalável.

Não importa qual seja o mercado ou o negócio, como vimos anteriormente, é preciso que ele evolua ao longo do tempo, e que a empresa aprenda com seus resultados e com a maneira pela qual seu ciclo de vida se desenvolveu para que, em novas soluções, essas lições sejam aplicadas. Além disso, é preciso que alguém se encarregue de garantir que todo esse processo aconteça de maneira eficiente, e que sejam seguidas as regras e as normas corporativas. Este time, que chamamos de ALMA, vai reunir as funções de governança, comunicação e change management, como vamos descrever no Capítulo 6, com o objetivo de retroalimentar toda a organização com as melhores práticas e lições aprendidas.

Coração, Mente, Corpo e Alma: este organismo vivo é quem vai dirigir a mudança, e, evoluindo o modelo tradicional de trabalho, mudar a maneira como resultados são obtidos, garantindo o futuro da empresa emocional.

CHECKLIST

Ao final de cada capítulo, como mencionamos na Introdução, traremos uma série de perguntas ou observações que permitem ao leitor avaliar o preparo de sua organização com o objetivo de avançar na transformação em uma empresa emocional. Este conjunto, longe de ser exaustivo, propõe-se a ser um ponto de partida para essa discussão de modo a instigar a reflexão dos executivos envolvidos.

- Quando olhamos missão, visão e valores da empresa, enxergamos realmente o cliente nestas declarações?

- Colocamos em prática, nesta empresa, estes valores declarados sobre o cliente ou valorizamos mais nossos objetivos de negócio?

- Como são estabelecidos os objetivos e as metas da empresa no ano? Existe uma preocupação com o longo prazo ou os objetivos financeiros de curto prazo predominam?

- Quais áreas têm objetivos relacionados ao conhecimento real do cliente, e que peso eles têm nesta avaliação?

- Existe um trabalho colaborativo entre as áreas para entender e conhecer melhor o cliente ou isso está concentrado em apenas uma área?

- Os processos de desenvolvimento de produtos e serviços estão integrados com as áreas de negócio ou a produção trabalha de forma completamente separada apenas com objetivos de escala e de custo?

- Existem processos formais de discussão de aprendizados ou de resultados de produtos e serviços oferecidos ao mercado que permeiam toda a organização ou estão concentrados apenas nas próprias equipes de produto?

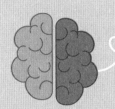

CAPÍTULO 3

Coração: Sinta a Dor do Cliente

PONTOS-CHAVE DESTE CAPÍTULO

O primeiro órgão da empresa emocional é o *Coração*, que concentra as atividades relacionada à interface com o cliente e com o mundo exterior, e que tem como função principal sentir a dor de seu cliente e ajudar a trazer para a corporação a necessidade que existe por trás dessa dor, de uma forma organizada e estruturada.

O Coração é uma parte fundamental da empresa emocional porque é ele que traz mais fortemente dentro de si o componente da emoção, que vai se contrapor à abordagem mais lógica da Mente e do Corpo, permitindo que a empresa se transforme efetivamente em uma organização centrada no cliente, em que os processos e as discussões têm sempre o componente necessário para que essa orientação seja realizada na prática e não se torne apenas um discurso vazio.

É no Coração que se concentram os papéis normalmente associados às áreas de marketing, comunicação e design, como pesquisa, UX e geração de conteúdo, uma vez que esses são mais próximos do cliente e exigem conhecimento intrínseco a essa função.

Medir os resultados desta equipe é medir os resultados de satisfação, permanência e engajamento da base de clientes, e sua capacidade de atrair novos clientes.

É a partir das descobertas do Coração, que devem ser o menos filtradas possível para manter a espontaneidade das discussões e o conhecimento adequado dos clientes, que a Mente vai trabalhar para racionalizar as potenciais soluções, os produtos ou os serviços a serem desenvolvidos.

Como vimos no capítulo anterior, a empresa emocional é uma organização com verdadeiro foco no cliente, ou seja, uma empresa que, organicamente, se molda de acordo com os inputs que recebe do mercado, ajustando capacidades e entregas de forma rápida para atender a essas informações que vêm do mercado.

Enquanto empresas tradicionais seguem estruturas, neste novo modelo as funções ligadas ao conhecimento desse cliente e à transferência desse conhecimento para a organização estão consolidadas dentro da estrutura que chamamos de Coração.

POR QUE CORAÇÃO?

Agrupar as funções ligadas ao cliente debaixo de um órgão tão central em qualquer organismo vivo, como o coração, não é aleatório, mas um sinal para toda a companhia a respeito da grande importância que o conhecimento do cliente, e os guardiões de suas necessidades, desejos e expectativas têm dentro daquele modelo de negócios. Responsável pelo bombeamento de sangue por todo o corpo, quando o coração para de funcionar, mesmo que por pequenos instantes, todo o organismo sofre e, em muitos casos, pode causar falhas terminais em órgãos ou uma falência múltipla que leva à morte daquele organismo.

Fácil perceber a relação dessa situação com o que acontece nas empresas, não é mesmo? Quando a empresa deixa de lado o conhecimento do cliente e passa a criar produtos, variações ou marcas e serviços baseados apenas em sua capacidade de produzir ou fazer, é como se ela estivesse deixando de ouvir as batidas do seu coração ou como se ele deixasse de funcionar.

E as consequências são as mesmas de um paciente enfermo, com problemas no coração: investimentos são desperdiçados, áreas paralisam suas atividades sem entender a causa do insucesso e, no final, o conjunto de pessoas e capacidades da empresa está tão desconectado do mercado que é impossível retomar o caminho certo, levando a perda de Market Share ou, em casos extremos, até a falência ou o fechamento do negócio.

Assim, é preciso sinalizar claramente a todos os colaboradores que não se pode deixar de escutar o cliente, que precisamos estar sempre observando suas reações e seus comportamentos, e que o conhecimento corporativo deve ser usado para entender como garantir o futuro do negócio por meio da criação de soluções que atendam a esses clientes hoje e no futuro — e nada melhor para isso do que nomear esta estrutura com algo tão simbólico e significativo quanto o coração.

O coração, como os clientes, é a emoção que contrabalança a razão da organização. É de onde virá a inspiração para os negócios, a área em que se concentram as funções de pesquisa, análise e conhecimento, e onde começa o processo de desenvolvimento de novos produtos ou de revisão e melhoria de processos, produtos e serviços atuais.

O QUE FAZ O CORAÇÃO NA ORGANIZAÇÃO

A expressão que melhor define os colaboradores que trabalham no Coração é obsessão pelo cliente. Como um grande radar corporativo, esses colaboradores estão atentos ao que acontece fora da organização em três grandes camadas:

- Dentro do mercado em que atuam, observando o comportamento de clientes e concorrentes, e aumentando seu conhecimento sobre produtos e serviços existentes, em um modelo próximo ao do benchmark feito tradicionalmente com concorrentes.

- No mercado ampliado, observando o que esses mesmos clientes fazem ao consumir produtos e serviços relacionados com aquele hoje oferecido pela empresa. Em uma empresa farmacêutica, por exemplo, isso significa entender a relação de um consumidor com todo o ecossistema de saúde que está ao redor do uso das drogas que fabrica.

- No mundo ao redor de seus clientes, observando sua experiência de consumo independente daquilo que estão consumindo ou tentando consumir. É um olhar mais amplo, que procura antecipar as demandas que hoje ainda não se observam em nosso mercado específico, mas que devem acontecer em breve. Um bom exemplo, no Brasil, foi a digitalização dos serviços bancários. Embora tenha sido um fenômeno bastante concentrado, ele já apontava para um desejo dos clientes em realizar transações e serviços remotamente, sem necessidade de agências e interações humanas — o que abriu as portas para os primeiros bancos digitais começarem seus experimentos.

Observe que não falamos aqui de antecipar tendências ou de qualquer exercício de futurologia mercadológica: apesar de ser um órgão emocional, o Coração é uma máquina muito funcional e que entende suas responsabilidades dentro do organismo corporativo, de maneira que esse time deve, ao máximo, manter seu olhar buscando aquilo que é viável de desenvolver e entregar ao cliente, mais do que imaginar cenários de sonho incompatíveis com os objetivos e as capacidades corporativas.

Vale ressaltar que não estamos aqui questionando a inovação ou negando ao Coração o papel de catalisar a inovação, ao contrário, a liderança desse grupo deve sempre procurar trazer elementos disruptivos para o dia a dia dos executivos da empresa e questioná-los sobre a necessidade de seguir novos caminhos e inovar — mas é fundamental que essas provocações estejam aterrissadas, e que possam ser transformadas, depois, em soluções viáveis pelas equipes da Mente. Sempre que uma estrutura como esta é montada, é preciso evitar ser um time que busca a inovação pela inovação ou pelo encantamento com a possibilidade de mudar algo estabelecido, sem que isso tenha resultados efetivos de negócio. Sempre que vimos esse tipo de estrutura ser montado sem a necessária conexão com a realidade do negócio, o modelo de inovação fracassou, desperdiçando recursos e se tornando apenas mais uma história dentro da história de corporações de todos os tamanhos.

QUAIS SÃO AS RESPONSABILIDADES DO CORAÇÃO?

Embora este modelo não seja baseado nos cargos e nas funções tradicionais, para deixar mais claro qual é o papel esperado de cada um dos quatro componentes desta abordagem da empresa emocional, ao descrever cada um deles vamos falar das atividades, ou responsabilidades, que se espera que sejam executadas nas diferentes fases do processo de desenvolvimento do produto, ou serviço, utilizando para isso as referências das organizações desenhadas dentro do modelo tradicional.

Considerando o papel do Coração como o representante do cliente dentro da empresa, dividimos a sua área de atuação em dois grandes grupos: conhecimento e experiência.

CONHECIMENTO: A ORIGEM DE TUDO

O primeiro grupo de responsabilidades do Coração está relacionado ao conhecimento e ao entendimento prévio do cliente, na função que apresentamos anteriormente, de acompanhar o comportamento de seu cliente dentro e fora do mercado em que a empresa atua ou pretende atuar, e organizar esse conhecimento de uma maneira que ele possa ser compartilhado com o restante da organização, servindo de base para as decisões dos executivos de alta gestão e para o desenvolvimento que será feito em conjunto com o time da Mente.

Entre as principais atividades a serem executadas pelo time do Coração na etapa do conhecimento do cliente, encontram-se as seguintes:

Pesquisa de mercado

Um dos instrumentos mais importantes para o time do Coração é a pesquisa de mercado. Por meio de suas distintas modalidades, é possível obter o entendimento do cliente e do mercado de uma forma bastante efetiva. A principal questão relacionada ao uso das pesquisas de mercado, na empresa emocional, não diz respeito à quantidade de estudos e metodologias empregada, mas sim ao seu propósito: enquanto tradicionalmente os executivos de marketing usam as pesquisas para validar suas hipóteses e confirmar as soluções que estão propondo, o Pesquisador do Coração utiliza esses instrumentos de uma forma mais aberta, mais ampla, em busca de informações, comportamentos e manifestações não expressas que possam ajudar a perceber efetivamente qual é a sensação do consumidor em relação a uma determinada situação ou necessidade. Nesse ambiente, a característica fundamental manifestada pelo colaborador da equipe do Coração é a escuta ativa.

Não há julgamentos, predisposições ou avaliações anteriores de questões referentes ao tema ou ao conceito discutido. O Pesquisador, fundamentalmente, deve escutar ativamente o que chega a seus ouvidos do lado dos clientes, registrando isso da forma mais fiel possível antes de qualquer análise. Esse difícil processo de eliminar seu viés pessoal e de conhecimento organizacional é normalmente melhor executado por pessoas novas na organização, que não têm ainda incorporadas as premissas de sucesso do passado, nem os estigmas que acompanham certas propostas de inovação nas corporações — o que, em boa medida, também pode ser obtido trabalhando com institutos e empresas externas especializadas nesse tipo de serviço, desde que, como já dissemos, seja evitado qualquer viés na coleta de dados e informações que possa distorcer a verdadeira percepção do cliente. Essas pessoas, entretanto, devem trabalhar sempre em consonância com o restante da empresa, pois não se deve confundir a ausência de vieses com um descolamento da realidade do negócio — o que poderia inclusive comprometer não só o processo de imersão da equipe do Coração, mas todo o funcionamento da organização

Nesse sentido, é mais recomendado que uma organização emocional utilize técnicas de pesquisa que proporcionam a expressão direta do cliente, como grupos de pesquisa, salas de espelho e outras técnicas de entrevista em profundidade, do que aquelas em que a informação é compilada de maneira menos personalizada como estudos em massa. Da mesma forma, a empresa emocional evita tomar suas decisões baseadas em Desk Research, pois ali não encontra a efetiva manifestação de seus clientes, mas apenas a interpretação já consolidada dos realizadores da pesquisa ou dos escritores dos artigos, estudos e matérias utilizados como fonte.

Uma pergunta frequente nesses casos se refere à incorporação ou não dessas funções nas equipes responsáveis pelo restante dos levantamentos e pesquisas corporativas, normalmente concentrados em áreas de Inteligência de negócios ou Inteligência comercial. Na nossa visão, todos esses esforços de entendimento e conhecimento do cliente, do mercado e da concorrência devem apontar na mesma direção e compartilhar as informações que consigam levantar, evitando retrabalho, mas não precisam, necessariamente, estar concentrados em apenas uma área ou sob a mesma gestão. Em negócios muito complexos, ou que têm uma diversidade grande de áreas, ou mercados de atuação, pode ser interessante ter subunidades de pesquisa que se concentrem em cada uma dessas especificidades, deixando a esse grupo central o papel de coordenar os esforços e conectar as diferentes fontes para o máximo aproveitamento corporativo.

Análise de dados

Entendendo este papel agregador e centralizador que o Coração tem em relação ao conhecimento do cliente, é parte de sua responsabilidade não só coletar informações externas e internas, como comentado no item anterior, mas também trabalhar na compilação, na consolidação e na análise desse conjunto de informações que foi coletado.

Ao se especializar em ser a voz do cliente dentro da organização, uma das primeiras necessidades dessa equipe é estabelecer as linhas de trabalho e de análise que serão levadas adiante, para que a empresa não se perca na infinidade de fontes e possibilidades oferecidas pelo mercado.

Como esse é um processo contínuo, a equipe trabalha buscando insumos que permitam recomendar os melhores caminhos para o negócio, mas nunca deixa de ouvir os clientes, ainda que nenhum objetivo específico tenha sido definido. Como boa prática, temos observado que empresas, que efetivamente estão orientando seus negócios ao cliente, permitem que os colaboradores do time do Coração dediquem ao menos 20% do seu tempo, ou um dia na semana, apenas para escutar e interagir com os clientes, buscar informações ou navegar nas redes sociais e nos portais em que esses clientes navegam, em busca de uma maior identificação com seu público-alvo.

Um ponto importante a ser reforçado quando essa equipe é montada e apresentada à organização é que o foco da análise e dos estudos, que são feitos por ela, não está, ainda, na capacidade da empresa em produzir uma solução, produto ou serviço específico, mas em entender em que áreas de necessidade dos clientes existem lacunas que podem ser preenchidas, e que, de alguma maneira, relacionam-se com o propósito da organização. Embora tenha conhecimento das capacidades da organização, os analistas que fazem esse trabalho não devem deixar que elas sejam um fator limitador para suas conclusões ou recomendações, evitando que essas limitações impeçam a empresa de inovar, ou de se renovar, e colocando em risco a continuidade do negócio.

Por isso, dentro do time de Análise de dados e inteligência que faz parte do Coração, recomendamos a criação de um papel específico chamado *Future Thinker*. O *Future Thinker* tem uma responsabilidade diferente do restante do time: em vez de estar focado tanto no entendimento do momento quanto das necessidades e dos cenários existentes, buscando aprimorar a oferta que hoje fazemos aos nossos clientes, ele procura olhar quais tendências aparecem no horizonte futuro e que, de alguma forma, devem afetar o mercado em que a empresa atua. Mais do que isso, ele se concentra em entender como essas influências vão mudar os hábitos de consumo dos consumidores, atuais e futuros, e de que maneira o mercado vai se comportar e responder a essas mudanças, usando como base o conhecimento mais amplo e estendido sobre os consumidores que foi recolhido pela equipe completa.

O desenho desses cenários futuros e desse mapeamento de possibilidades é um elemento fundamental para orientar o desenvolvimento da empresa emocional. É ele quem vai identificar as capacidades e as habilidades que devem ser desenvolvidas com o objetivo de manter o negócio competitivo, e buscar referências externas que possam ser replicadas no ambiente corporativo. As análises e os relatórios do *Future Thinker* podem, por exemplo, orientar que tipo de startup ou empresa deve ser olhada com atenção para parcerias ou para aquisição, ou em que áreas de pesquisa e desenvolvimento devem estar concentradas as atenções para aumentar a longevidade do negócio.

O principal desafio dos líderes dessa área, em relação a esse papel, é garantir que as conclusões sobre tendências e caminhos estejam embasadas ao máximo em dados e informações consistentes, com o intuito de serem convincentes quando apresentadas aos demais executivos, e gerar suficiente credibilidade para permitir que a empresa efetivamente veja valor no trabalho feito pelas equipes de pesquisa e análise, e que esse valor corporativo de trabalhar enfocado no cliente se espalhe mais e mais na organização até que seja parte intrínseca dos valores, de forma a ser natural, e as decisões sejam tomadas com esse prisma e não apenas pela pura avaliação de capacidades atuais e investimento.

EXPERIÊNCIA: A TRADUÇÃO DO CONHECIMENTO

Uma das palavras mais utilizadas no mundo dos negócios hoje é, sem dúvida nenhuma, experiência. Assim, como "foco no cliente", cerca de duas décadas atrás essa palavra acabou sendo usada sem muito critério para descrever qualquer tipo de serviço, ação ou interação que um indivíduo tivesse com uma empresa. Uma simples compra virou uma "experiência de compra". Ir a um restaurante, uma "experiência sensorial", e assim por diante. Esse uso indiscriminado terminou por banalizar um fator muito importante na relação empresa-cliente, que é o conhecimento da jornada que cada cliente faz desde seu interesse até o processo de aquisição e consumo de bens e serviços e, quando necessário, contato pós-venda para reparos, substituições ou novas aquisições.

Cada passo dessa jornada gera um conjunto de percepções, sensações e informações que compõem uma experiência única, e que vai criar a satisfação ou não com aquele produto ou serviço.

Embora esse conjunto de sensações não possa ser controlado por nenhuma marca ou empresa, já que é absolutamente individual e depende não apenas do momento em que a interação acontece, mas também do arcabouço de conhecimento, referências e experiências passadas de cada pessoa, nos últimos anos desenvolveram-se diversas atividades e, como consequência, papéis organizacionais, com o objetivo de tentar influenciar ao máximo esses momentos para aumentar a probabilidade de que eles causem impacto positivo sempre que possível.

Esta é a segunda grande responsabilidade do time do Coração: traduzir o conhecimento que tem sobre o cliente, seu modelo mental, seus interesses e seu perfil em algo palpável, para que isso não se perca durante os processos de desenvolvimento feitos pela área da Mente e, por isso, todos os papéis ligados ao desenho da experiência do cliente se reúnem nessa área.

Andando com os Sapatos do Cliente

Antigamente, o grande foco da área de design de produtos era encontrar o melhor modo de produzir em massa com ganho de escala e eficiência (e o mesmo valia para aqueles que procuravam criar métodos mais eficientes de replicar serviços). A preocupação com o cliente, assim, não estava em primeiro lugar, mas sim a capacidade de gerar mais receita por meio da redução de custos de produção e otimização de peças e design. Ao longo do tempo, os designers foram conquistando seu espaço, e pudemos observar o surgimento de diferentes produtos com orientação ao usuário, já entendendo que, em algumas situações, abrir mão de certos ganhos de fabricação fazia sentido do ponto de vista do marketing, pois permitia criar produtos mais agradáveis e identificados com o público em geral e que, portanto, traziam mais resultados de negócios. O clássico exemplo desse modelo é John Yvi, que desenhou os produtos da Apple mantendo seus princípios de design centrado no usuário, e criou uma identidade corporativa que se estabeleceu como diferencial e trouxe, inclusive, mais valor aos produtos, permitindo a Apple ter um preço mais alto que a concorrência e ainda assim ganhar mercado.

Com a evolução do mercado e, principalmente, com o crescimento da oferta de serviços por meio de canais remotos, surgiu a necessidade de repensar esse modelo de design tão centrado no produto físico ou na percepção de valor que o bem em si entregava. Ao mesmo tempo, o conceito de design de serviços também não se aplicava inteiramente, pois há, nele, um elemento humano que é tratado por meio de treinamento e técnicas de venda que não está presente nas interações digitais. É nesse momento que os especialistas dessa área passam a adotar um novo olhar, efetivamente mais preocupado em entender como aquele cliente realiza sua interação com o negócio e quais são os fatores que fazem com que ele tenha interesse em repetir essa ação, mesmo com a facilidade de buscar outros participantes do mercado ou de buscar alternativas. Esse modo de pensar é o centro do conceito de Experiência do Cliente, em que o pensamento está orientado ao conjunto de ações, interações e contatos que envolvem a compra, o uso e a pós-venda, procurando criar um processo completo tão marcante que desestimule o cliente a pensar em alternativas, e crie, inclusive, facilidades para seu retorno e para a compra repetida ou constante.

Como mencionamos anteriormente, existem diversos papéis e nomenclaturas para os profissionais que trabalham dentro desse conceito de Experiência do Cliente, e a cada dia surgem novos elementos; mas há alguns que são essenciais em qualquer organização que queira desenvolver seus negócios baseados no conceito de experiência do cliente — e, na organização emocional, mais ainda, uma vez que, vestindo os sapatos do cliente, estes são os profissionais responsáveis por traduzir de uma forma clara quais são os interesses, as necessidades e os anseios do consumidor, para que esse conhecimento possa ser dividido com as outras áreas da organização e, depois, transformado em produtos e serviços viáveis:

- **UX (USER EXPERIENCE)**: é o especialista em pensar a jornada do cliente, o fluxo de relacionamento entre usuário e empresa, e enxergar como ele pode ser avaliado do ponto de vista externo à organização, com os olhos de quem compra/usa o serviço ou produto. O time de UX é o mais questionador dentro da equipe do Coração, pois faz parte de seu trabalho entender como os processos atuais se traduzem em experiência, e se esta está de acordo com o que queremos que nosso cliente sinta ou perceba. Ele trabalha em estreita colaboração com o time de pesquisa e deve, ele mesmo, buscar mais contato direto com clientes e estar realmente em seu lugar para testar interações, canais e processos. Observando diversas empresas que utilizam com sucesso este modelo, podemos afirmar que cerca de 20% do tempo desse time deve estar dedicado à observação e teste de interações de concorrentes, de mercados de inovação e de outras empresas que possam trazer insights para dentro da companhia. Vale ressaltar que pensar em UX não é redesenhar processos, mas sim provocar a organização a repensar seu modelo de trabalho para atender melhor seus clientes — o que pode, eventualmente, levar a um redesenho de processos, mas, nesse caso, é recomendável que o redesenho seja conduzido por áreas especialistas, como times de Six Sigma ou de Operações, para não desviar o foco, ou viciar o olhar, dos especialistas de UX.

- **UI (USER INTERFACE)**: uma vez que a experiência do cliente desejada esteja pensada e definida, é necessário começar a traduzir essa experiência em um modelo que possa ser visualizado pelos demais membros da equipe e servir como base para o desenvolvimento. Esse é um dos papéis mais críticos dentro da organização, pois é o primeiro momento em que as ideias do time do Coração viram algo tangível, palpável e que pode ser discutido com o restante da organização. Aqui, dependendo do ramo de atuação da empresa, vamos ter diferentes skills sendo necessárias ou sendo usadas. No caso de empresas de bens de consumo, os profissionais de design de produto e embalagens clássicos se integram ao time para começar a criar algo que seja efetivamente viável e produtivo; já nos casos de serviços, e especialmente no caso de produtos ou interfaces digitais, startups etc. — foco das principais discussões deste livro —, misturam-se as habilidades de design puro e design gráfico, buscando criar um formato que seja ao mesmo tempo possível de ser produzido e mantido, e que permita oferecer ao usuário a experiência desejada. Existem vários formatos e modelos que podem ser empregados nesse processo, mas, em geral, o trabalho começa por modelos de baixa fidelidade que permitem a discussão da abordagem sem influência de gostos pessoais, por não usarem cores ou padrões definitivos, e evolui até o desenvolvimento de modelos mais completos e até protótipos navegáveis, que permitam ao grupo avaliar se efetivamente estamos entregando uma experiência única para cada cliente que vai utilizar aquela interface que está sendo criada.

- **ESPECIALISTA DE CONTEÚDO (CONTENT EXPERT):** encontrar a melhor solução, a melhor jornada e conseguir traduzir isso em um protótipo e, depois, em um produto, portal ou serviço é apenas a primeira parte do desafio de uma empresa que quer, efetivamente, estar em sintonia com seu cliente em todos os momentos da experiência de interação. Um segundo ponto tão importante quanto os anteriores é entregar a sua mensagem da forma correta em cada passo desse caminho, já que um desvio pode acabar com toda a experiência. Pense, por exemplo, em uma empresa de seguros. Seu modelo natural é explicar ao cliente como é um seguro, quais as coberturas em caso de sinistro, qual o prêmio a pagar... pois bem, leitor: você sabe definir de forma clara o que são coberturas, sinistros e prêmios? (Gosto muito deste último porque, desafiando a lógica, prêmio não é o que você recebe, mas o que você paga pelo seguro.) É aí que entra o especialista em conteúdo: é ele quem vai liderar a empresa no processo de encontrar o tom, a linguagem e o conjunto de imagens que traduz da melhor forma a mensagem e a experiência que queremos transmitir ao nosso cliente. Cores, padrões, fontes, formatos, linguagens: este é o território do especialista em conteúdo, que trabalha em estreita colaboração com o time de UI para garantir que estamos entregando, ao mesmo tempo, uma interface e um conteúdo que encantam o cliente para que ele queira recomendar e repetir a sua experiência. Assim como seus colegas de UX e UI, ele também respira clientes todo o tempo, e por isso também é um elemento do time do Coração, que vai seguir batendo mesmo quando o produto estiver lançado, pois a necessidade de conteúdo atualizado e ajustado de acordo com as mudanças dos clientes faz dessa função uma posição de trabalho constante e permanente em qualquer empresa dedicada a meios digitais ou serviços.

Como mencionamos, além da diversidade de papéis e responsabilidades, existem diversas maneiras pelas quais esses mesmos profissionais são conhecidos nas empresas. A variação mais conhecida talvez seja a de tratar os especialistas em conteúdo como "story tellers", ou especialistas em Storytelling, pois isso deixa mais claro que o papel desse profissional é garantir que o que entregamos ao cliente faça sentido de uma forma integrada e única, como em uma história — mas, no fim do dia, o que importa são os papéis que eles exercem e, assim, cada organização precisa entender a melhor maneira de trazer esses profissionais para seu time.

MANTENDO O RITMO CARDÍACO SAUDÁVEL

Uma das maiores questões levantadas sobre o time do Coração, quando desenhamos esse modelo, foi como medir a efetividade desse time, ou como verificar se nesta empresa emocional, que estamos desenhando, o ritmo cardíaco era saudável e, de uma forma ou de outra, estava alimentando a Mente e o Corpo do modo como deveria, permitindo que a organização se desenvolvesse de uma maneira saudável.

De todas as áreas envolvidas na empresa emocional, esse time é, provavelmente, o mais controverso para ser medido, pois, enquanto, como veremos nos próximos capítulos, as demais funções têm papéis objetivos e que permitem o uso de KPIs mais ligados a processos, entregas e resultados, as atividades de identificação e tradução dos desejos e necessidades dos clientes precisam de uma abordagem mais criativa, especialmente porque, com o advento da metodologia ágil, ajustes no produto e no desenho das soluções são uma parte natural do processo, o que dificulta entender se a tradução inicial do que era esperado pelo mercado foi bem feita.

Considerando a necessidade de criar um modelo estruturado de medição que, ao mesmo tempo, atenda à necessidade da área em evoluir e entender seus pontos de melhoria, e à necessidade de ter indicadores que sejam compreendidos pela organização e possam também ser traduzidos em objetivos e metas, recomendamos que o conjunto básico de avaliação seja montado a partir de alguns indicadores tradicionais nas atuais organizações de marketing, como:

- **ADOÇÃO:** mais do que uma característica de produto, a adoção da solução por seu público-alvo é uma das principais medidas de sucesso do Coração, pois significa que ela atende a uma necessidade. Essa medida pode ser feita em dois níveis, que são Customer Share e Uptake.

  » O primeiro, Customer Share, visa a medir o percentual de clientes que adotou a solução, ou seja, em algum momento usou o produto, serviço ou ferramenta, sobre o total de consumidores potenciais ou existentes (por exemplo, número de vendedores que fizeram download do aplicativo sobre total de força de vendas). Esse indicador é ainda mais importante se a nova proposta estiver convivendo com outras plataformas ou soluções, pois permitirá avaliar o quanto de valor novo a proposta trouxe. Obviamente, no exemplo contrário, se a solução lançada for a única disponível, e seu uso for mandatório (por exemplo, um sistema de registro de propostas), o indicador será próximo de 100%, e não terá validade para entender seu resultado.

  » O segundo, Uptake, avalia a velocidade de adoção do produto desenvolvido. Essa é uma medida bastante importante, pois mostra o resultado efetivo de interesse do mercado, ainda livre de situações específicas ou incentivos feitos por campanhas, influência de colegas etc. Esse indicador busca entender a curva potencial de uso e atingir a totalidade do público-alvo por meio da análise da inclinação da curva. Com base em estatística simples, podemos observar aceleração ou desaceleração da adição ao longo do tempo, e isso serve como um bom indicador da necessidade de se voltar ao início e observar se houve mudanças nas necessidades ou na situação, e se colocar novamente nos sapatos do cliente. Embora pareça simples, essa abordagem tem sido de muito valor para diversas empresas, por exemplo, as indústrias farmacêuticas, nas quais, a partir do comportamento da curva nos primeiros seis meses, pode-se projetar o comportamento de produtos em todo seu ciclo de vida, para entender se atingirão ou não as expectativas sobre eles.

- **PERMANÊNCIA/CHURN:** além da adoção inicial, um importante indicador da efetividade de uma solução é entender o grau de utilização contínua, ou seja, se além do impacto de seu lançamento, e do período de experimentação, o cliente/usuário entende seu valor e permanece comprando ou usando o que foi entregue a ele. Ele pode ser medido em dois níveis, a depender da qualidade da informação disponível e, também, da maturidade corporativa para trabalhar esse indicador. O primeiro nível é a medida simples de acompanhamento do percentual de adoção, e sua flutuação ao longo do tempo. Esse percentual, normalmente, dá uma medida do comportamento médio da população-alvo, e permite entender se existem grandes variações naquele momento ou período. Em soluções de uso interno, muitas vezes, esse nível de acompanhamento é suficiente, pois o volume não tem muita variação, e costuma estar em níveis mais altos. Já no caso de soluções de uso por equipes de venda ou de campo, ou de consumidores, recomendamos que se use a medida de forma mais completa, ou seja, não medindo apenas o volume geral (nível 1), mas também adicionando o indicador de Churn (nível 2), que decompõe o macro em percentual de usuários repetidos e novos. Segundo o benchmark que fizemos em diversas indústrias, recomenda-se que o indicador seja mostrado em três faixas:

» Clientes/usuários novos (primeiro uso/acesso nos últimos trinta dias).
» Clientes/usuários em fase de adoção (uso continuado por até noventa dias).
» Clientes/usuários maduros (uso contínuo acima de noventa dias).

A análise dessas três faixas permite identificar se o número de adesão/permanência não está criando uma falsa ilusão de estabilidade, quando, na verdade, estamos vendo uma renovação constante de clientes dentro da base (por exemplo, perdendo 100 clientes que estavam usando o aplicativo, enquanto ganhamos 105 novos). A avaliação sobre esse comportamento ser positivo ou não depende muito do perfil do negócio ou solução que está sendo avaliada, mas, geralmente, uma grande erosão na base de clientes costuma ser um sinal de alerta para o planejamento de médio e longo prazos, já que, em algum momento, pode não ser possível compensar a perda de clientes com a captação, apontando para o declínio dos resultados corporativos.

Muitos outros indicadores podem ser utilizados para a medição dos "batimentos" da empresa, como NPS, pesquisas de satisfação, pesquisas de imagem ou percepção de marca (quando ela está claramente associada ao produto), a depender dos objetivos corporativos ou mesmo de seu desenho de metas e premiações (por exemplo, conectando os resultados finais gerados por produtos propostos pelo time para o resultado corporativo). Esse trabalho, em especial sua conexão com o modelo geral de gestão, governança e retroalimentação ao time será mais bem discutido quando chegarmos ao Capítulo 5, em que tratamos da parte da organização chamada Alma.

COLOCANDO O ORGANISMO EM MARCHA

Agora que temos uma perspectiva bem clara de quais são as responsabilidades do time do Coração, e que entendemos seu modelo de funcionamento, assim como a forma de acompanhar se seu trabalho está sendo ou não efetivo para a companhia, chega o momento de levar o processo ao próximo passo: iniciar a transformação das ideias, conceitos e protótipos preparados pelo time do Coração em um produto viável e que possa ser construído de maneira prática, efetiva e funcional.

Esse é o trabalho que será executado pela equipe da Mente, que, com o olhar diferente do Coração, tem como papel entender as capacidades da organização mais profundamente, engajar os colaboradores e conseguir colocar de pé os produtos, as soluções ou as propostas que foram desenhadas, preparando o terreno para que a equipe do Corpo possa efetivamente trabalhar em sua construção e em sua utilização no dia a dia.

Como dissemos no início deste capítulo, esta etapa inicial de tradução do ambiente externo para o mercado e o negócio da empresa é a pedra fundamental de cada projeto, mas, como uma boa fundação, ela só será bem utilizada se, sobre ela, for realizada uma construção sólida, que aproveite essa base de forma adequada; papel que, como vamos ver a seguir, também exige grande especialização e conhecimento dentro do negócio

CHECKLIST

Formar o time do Coração exige que a empresa aplique de fato as premissas de uma organização orientada ao cliente. Assim, as perguntas neste capítulo são orientadas a entender melhor qual é o verdadeiro estágio da empresa nesse caminho:

- Com que frequência a organização ouve de forma ativa seus clientes, buscando saber sua real posição em relação ao mercado e às suas necessidades?

- A ação sobre queixas e reclamações, ou comentários em redes públicas, é normalmente reativa, com a função de resolver a questão apenas e evitar danos de imagem, ou existe uma preocupação em avaliar o porquê daquele comentário?

- Existe uma medição de NPS? Como ela é feita? Quais são os parâmetros de sucesso? Quais são as consequências de não atingir esses objetivos?

- Existe um processo formal de registrar inputs gerados por áreas de contato direto com o cliente, como atendimento, balconistas, ouvidoria e afins? Como essa informação é dividida com a organização e que uso é feito dela?

- Como são definidas as pesquisas de mercado e os estudos que serão feitos pela organização? As fontes de definição são processos de planejamentos executivos ou indicadores de performance de clientes/informações recebidas diretamente dos clientes e dos pontos de contato?

- O conteúdo que sua organização publica nas redes sociais é definido a partir de que KPIs ou informações? Como se recebe o feedback sobre essas postagens, e como ele retroalimenta as decisões sobre as próximas? Apenas em casos de repercussão negativa ou existe avaliação de resultados positivos também?

- A empresa acompanha a evolução de sua base de clientes apenas em números absolutos ou existe uma análise de Churn na base? Sabe-se as causas de abandono por grupo de clientes, e existe algum planejamento de ação sobre essas causas que afete a raiz do problema e não sua consequência?

- Quanto tempo a empresa dedica a conhecer a experiência de seus clientes no mundo real e em mercados que possam servir de inspiração em comparação ao tempo usado para estudar os KPIs financeiros próprios e da concorrência?

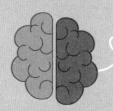

CAPÍTULO 4

Mente: Transformando Ideias em Produtos Viáveis

PONTOS-CHAVE DESTE CAPÍTULO

A Mente transforma as dores identificadas pela equipe do Coração em alternativas palpáveis que podem ser avaliadas de forma objetiva pela organização. Trabalhando em estreita sintonia com todos os outros órgãos existentes na empresa emocional, é ela que aterrissa os conceitos e faz os primeiros exercícios de viabilidade técnica e financeira de cada uma das possibilidades existentes.

É importante que o time da Mente tenha processos bem estruturados e organizados, pois deles depende o futuro da organização: uma decisão que siga no caminho incorreto por erros de avaliação pode ter sérios impactos no negócio.

Ela é, também, uma das equipes mais ecléticas dentro da empresa emocional, pois precisa, ao mesmo tempo, ter a sensibilidade necessária para entender as dores do cliente, o conhecimento para traduzir isso em produtos, a capacidade de liderança para guiar a execução e o entendimento técnico que permite entender o trabalho da produção/desenvolvimento.

Se os primeiros passos da Mente são críticos por conta da seleção dos produtos a serem desenvolvidos, o restante de suas atividades não é menos importante: a Mente é, ao longo do tempo, o principal fio condutor do processo de construção, e a guia para que ele tenha as correções de rota necessárias para seu sucesso.

É a partir das especificações da Mente que o Corpo constrói os produtos definidos, e este será um processo colaborativo durante todo o tempo, garantindo o alinhamento de todas as partes necessárias ao sucesso da iniciativa.

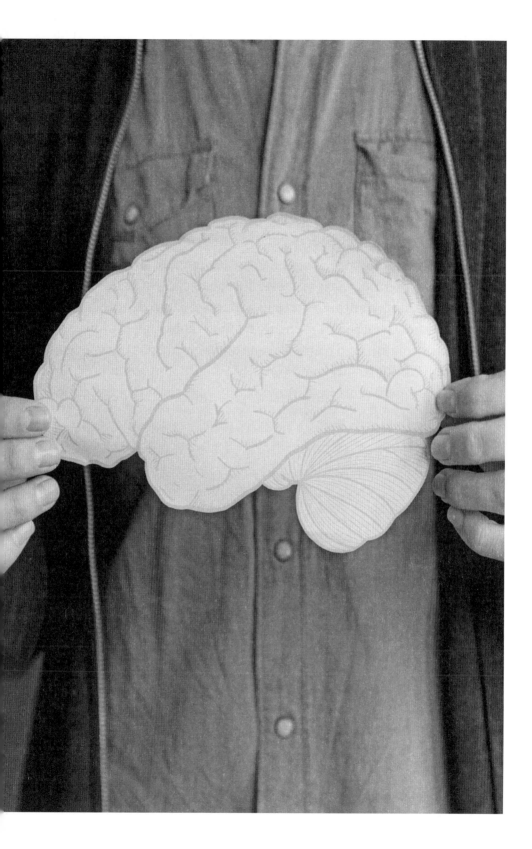

Quantas vezes você já leu sobre uma ótima ideia que acabou sendo desperdiçada por não ter uma execução adequada? Ou sobre produtos que tinham um conceito inovador, atendiam a necessidades ainda não atendidas e, mesmo assim, deixaram de fazer sucesso por não serem adotados pelos consumidores e pelos usuários, por problemas em sua estrutura, desenho ou mesmo em sua construção?

Mesmo que você não tenha passado por algo similar, e tenha apenas observado essas histórias de longe, é fácil entender por que é importante dar tanta atenção à Mente quanto demos, inicialmente, ao Coração. Ela é, em um resumo rápido, quem aterrissa e transforma em algo palpável o que antes era apenas um conceito e um protótipo — e, como veremos a seguir, este é um processo que não apenas envolve muito trabalho, mas que também é crítico dentro de qualquer negócio.

POR QUE MENTE?

A empresa emocional, como um organismo vivo, não pode ser totalmente passional em sua existência ou corre o risco de não entregar os resultados esperados. Assim, ela precisa acionar o seu hemisfério esquerdo e, por meio da razão, fazer uma análise baseada em fatos e evidências para entender quais são os melhores caminhos a seguir. Se, então, estamos considerando que a nossa empresa age dessa forma, não poderia existir melhor denominação para a equipe responsável por desenvolver produtos e soluções do que Mente, ou seja, o time que, de uma forma consistente e constante, vai garantir que a empresa está trabalhando para desenvolver novas oportunidades e evoluir as atuais, de maneira sustentável.

GERANDO UMA CORRENTE POSITIVA

A Mente deve trabalhar em perfeita sintonia com o Coração, que é uma premissa fundamental para a sobrevivência de qualquer organização emocional — por mais difícil que possa parecer em alguns momentos. E por que pode ser assim?

É o potencial confronto de razão e emoção, de arte e ciência, de ousadia e conservadorismo. O time do Coração normalmente transborda energia — e vem como uma força motriz arrasadora que quer mobilizar toda a organização em prol do cliente — e encontra na Mente o quebra-mar que diminui sua intensidade, que protege o continente da erosão e que administra a ansiedade corporativa filtrando aquelas oportunidades de mais potencial e, efetivamente, selecionando para desenvolvimento e para seguir apenas aquelas com maior probabilidade de sucesso. Esse processo pode muitas vezes ser desgastante, pois vai envolver diversas interações entre Coração e Mente, mas elas são fundamentais para que, ao final, os dois estejam de acordo e entendam quais foram os caminhos a serem seguidos e o foco do desenvolvimento de produtos — afinal, como lembramos, partindo do princípio ágil de que produtos estão em constante evolução, mesmo nos momentos em que a Mente lidera o processo, o Coração segue participando de forma intensa nos ajustes, melhorias e aprimoramentos de oferta, especialmente a partir do momento em que começamos a ter o feedback de clientes e usuários (mas não vamos nos apressar; trataremos desse tema no Capítulo 6, sobre a Alma). A Mente também será responsável, ao longo desse caminho, por envolver e engajar todos os outros departamentos da organização necessários para que se possa passar de uma ideia ao desenvolvimento e à produção efetivos de um produto.

PRIORIZANDO POR MEIO DA RAZÃO

Uma das primeiras ações da equipe da Mente dentro do processo de desenvolvimento de produtos e serviços é trazer elementos mais sólidos e a perspectiva de negócio para a avaliação das ideias, conceitos, protótipos e propostas apresentados pela área do Coração. Vale ressaltar que isso não significa que o trabalho do Coração seja desvinculado dos objetivos de negócio ou da companhia; mas, como colocamos anteriormente, seu foco principal está na identificação das oportunidades e das possibilidades do ponto de vista do cliente e dos usuários e, assim, esse é o primeiro critério de priorização, não a capacidade de execução.

Portanto, periodicamente, é necessário que haja uma discussão entre esses dois times que permita entender quais são as razões para aqueles conceitos terem avançado dentro do processo de priorização inicial e, ao mesmo tempo, sejam discutidos à luz da visão prática da capacidade de executar e depois produzir/levar ao mercado aquele produto ou solução que foi desenvolvido.

Para essa discussão, cada uma das propostas desenvolvidas deve ser apresentada de forma sumarizada, com o objetivo de permitir que as diferentes opções sejam avaliadas independentemente de seu nível atual de detalhe, e evitar que uma ideia que foi pensada como um protótipo leve vantagem em impacto sobre uma ideia ainda na fase de conceito ou oportunidade. Um modelo bastante funcional costuma ser utilizar um sumário de uma página contendo as seguintes informações:

- Nome da proposta.

- Owner (responsável pela ideia ou, se já houver, quem é a pessoa dentro da área de negócio que tem interesse na ideia).

- Data de apresentação.

- Público-alvo (neste momento, pode ser descrito de forma mais ampla, como "clientes finais", "equipe de vendas", "canais", para ser detalhado em fases posteriores, nos conceitos que forem levados adiante).

- Objetivo da solução ou produto proposto (deve refletir a necessidade identificada no público-alvo e manter essa perspectiva na descrição).

- Conceito/proposta em discussão (COMO a necessidade descrita no item anterior será atendida — descrita em não mais que uma lauda ou macrofluxo da solução).

- Impactos no negócio (benefícios para o público-alvo atingido e para a companhia).

Nessa etapa, ainda não se discute estimativas de prazos de entrega ou investimento, pois o objetivo é permitir uma discussão das possibilidades que não esteja, ainda, influenciada pela capacidade atual de alocação de recursos. Ao levar adiante a discussão dessa forma, a empresa também abre mais possibilidade de trabalhar com propostas e modelos inovadores, uma vez que discute benefícios e perspectivas, em vez de estar apenas apoiada na disponibilidade momentânea de pessoas ou equipamentos.

A eficácia desse modelo é ainda maior em empresas com alocação de recursos a projetos específicos sob demanda, em que, apesar de as áreas terem seus orçamentos, eles são aprovados a partir de uma visão geral do período e, depois, alocados a linhas específicas conforme a aprovação ou não do plano detalhado de cada iniciativa. Esse modelo permite que novos projetos surjam sempre que uma oportunidade for identificada, e que seja trazido à discussão de maneira mais livre, sem o receio inicial de concentrar esforços em uma possibilidade que ainda não tem orçamento, e que pode prejudicar iniciativas já definidas — mesmo que estas, muitas vezes, tenham menos impacto ou sejam menos inovadoras e menos rentáveis para a companhia.

QUEM DEVE PARTICIPAR DESSA DISCUSSÃO?

As equipes da Mente e do Coração não devem ser os únicos participantes desta definição, mesmo que agora ainda não se esteja pensando em detalhar um business case ou em estimativas precisas de esforço. É recomendado, nesse momento, que haja participação das áreas de negócio e dos canais de distribuição e vendas, se afetados pela iniciativa (quando for um projeto de impacto interno, como a digitalização ou a transformação de processos, em seu lugar participa a área de Operações ou fabris que sejam as principais clientes do processo).

O objetivo de ter esse grupo dentro da discussão, logo neste início, é garantir que a leitura feita pelo time da Mente sobre as prioridades corporativas e de negócios está em linha com as definições atuais e o momento atual da companhia e do mercado, e não baseadas apenas em interações interiores ou informações de documentos e relatórios. Da mesma forma, dependendo do perfil da iniciativa, podem ser envolvidas áreas adicionais que tragam uma perspectiva válida para olhar as iniciativas na melhor combinação possível entre capacidades corporativas, necessidade do cliente e impacto no negócio. Em uma empresa do ramo de saúde, com a qual conversamos durante a preparação deste livro, por exemplo, a área médica participa da discussão de todos os projetos de comunicação e de marketing, pois a empresa não quer perder sua percepção de marca sempre orientada à ciência e à qualidade dos produtos e dos serviços; e esses profissionais da saúde entram nas discussões com o objetivo de resguardar esse princípio.

Uma premissa importante e que precisa ser entendida por todos os participantes, entretanto, é a de que ainda estamos na fase de discussão de conceitos e oportunidades, e que, portanto, discussões sobre detalhes de implementação, prazos e custos vão ser detalhados em fase posterior, como já comentamos.

O PRIMEIRO CORTE

Ao final de cada reunião de discussão de ideias, o grupo deve chegar a uma lista de prioridade de implementação das ideias, separando aquelas que têm alto impacto no negócio e no cliente, e maior facilidade teórica de implementação, para serem estudadas em maior profundidade. Um segundo grupo, de iniciativas de alto impacto no cliente, mas com uma dificuldade teórica de implementação, deve ser também identificado e separado para análise, a fim de garantir que são efetivamente de implementação mais complexa e assegurar que não estariam no primeiro grupo.

Além disso, esse segundo grupo de ideias também deve passar a fazer parte da biblioteca de conceitos e oportunidades da empresa emocional, e deve ser recuperado para revisão nas reuniões seguintes de priorização, pois o cenário pode ter mudado em termos de complexidade de implementação ou de uso.

Ideias identificadas como de baixo impacto, em geral, devem ser diretamente arquivadas na biblioteca de conceitos, também para eventual utilização futura. Uma situação que temos encontrado, em diversos setores, é a ocorrência de mudanças no ambiente ou no formato do negócio, especialmente com a chegada de novos players ou de startups que mudam o impacto das ideias avaliadas e, por isso, recomendamos que tudo seja guardado, pois pode ser uma fonte de discussões ou de revisões futuras.

Uma observação importante é que, embora a Mente seja a responsável por registrar e inserir as novas ideias e os one pages nessa biblioteca, sua gestão é uma responsabilidade do time da Alma, que tem, como parte de seu papel de observador, a tarefa de gerar aprendizado e manter o histórico das discussões.

A partir do momento em que esses três grupos de atividades estão definidos, as ideias priorizadas devem começar a ser avaliadas com mais profundidade, de maneira a permitir que a empresa tenha uma visão mais realista dos recursos necessários para transformar aquele conceito em uma solução ou produto, e também começar a definir quais são os benefícios de negócio que podem ser esperados dessa iniciativa.

SELECIONANDO OS PROJETOS A SEREM REALIZADOS

Em muitos momentos, o processo de seleção e definição dos programas a serem implementados dentro da empresa emocional segue fluxos similares ao de organizações tradicionais, uma vez que, como em qualquer negócio, é necessária a análise aprofundada de viabilidade e capacidade produtiva antes de iniciar qualquer projeto.

Assim, com os três grupos de iniciativas identificados, o passo seguinte é aprofundar a análise das ideias com alto potencial de retorno e baixo esforço de execução — e, adicionalmente, de outras ideias que, apesar de não se encaixarem nesse grupo, tenham sido objeto de interesse por parte do grupo devido a seu potencial de transformação ou de impacto no negócio.

De maneira geral, a análise aprofundada deve considerar os seguintes aspectos para cada página de conceito selecionada:

- **IMPACTO**: em qualquer esforço de transformação, uma das questões mais importantes para ser avaliada de forma aprofundada é o impacto que aquela iniciativa ou solução pode ter para a companhia. Em muitos casos, o que parecem ser projetos de inovação ou de mudança são apenas evoluções de produtos ou soluções já existentes e, dessa maneira, devem ser tratados como tal, em esteiras apropriadas para cuidar da evolução do portfólio atual da empresa, separadamente dos times de inovação. Essa separação é recomendada para que os times que estão trabalhando de forma ativa com a inovação não se deixem levar pelos prazos prioritários e pela pressão do negócio, que normalmente leva a equipe a priorizar a evolução em vez da transformação. Um segundo ponto a avaliar nessa análise de impacto é o alinhamento do conceito e do produto propostos com os valores e atuação da empresa hoje em dia. Em alguns casos, quando a ideia é efetivamente disruptiva, ela pode estar longe do core atual da companhia, e isso tem impacto na capacidade de desenvolvimento — o que não é, necessariamente, um problema, mas deve ser levado em conta. Algumas perguntas usuais, nessa análise, são: qual é o potencial de transformação desta solução? Quanto de valor agregado ela traz para nossa marca? Quanto ela traz de inovação para nossos clientes, e de valor para eles?

- **POTENCIAL DE MERCADO:** em conjunto com a análise de impacto, deve ser feito um estudo mais profundado do potencial de geração de receita que aquela solução pode gerar. Nesse caso, é necessário inicialmente uma discussão mais aprofundada sobre o público-alvo indicado no resumo de uma página, e a especificação dos grupos que serão efetivamente considerados como target, já dirigindo também futuras discussões de esforços de comunicação e de marketing. Essa análise, ao contrário da análise de impacto, é objetiva e quantitativa, e vai ser a base do business case a ser construído para cada uma das soluções, demonstrando a viabilidade ou não de um conceito. Vale ressaltar que é interessante, nesse caso, avaliar qual é a facilidade da empresa para chegar a esse público e o quanto de esforço é necessário para isso. Quando, por exemplo, estamos falando de soluções para os mesmos públicos trabalhados atualmente ou de soluções e produtos que têm sinergia com a linha atual, esses são elementos facilitadores para a venda. O ponto interessante nessa análise é que, nos processos de transformação, geralmente, estamos buscando nos afastar do eixo, do core do negócio e, por isso, é uma característica inata das soluções discutidas exigir maior esforço ou redirecionamento corporativo — fator que, certamente, precisará ser discutido com a alta gestão durante o processo de aprovação das ideias.

- **VIABILIDADE FINANCEIRA:** novamente, seguindo uma etapa do processo tradicional de avaliação de projetos, após o levantamento e o cálculo de potencial de mercado, é necessário completar a análise financeira com a adição dos custos de desenvolvimento, produção e, quando aplicável, distribuição, para avaliar o potencial de retorno daquela solução. Como cada empresa tem, usualmente, um modelo de análise financeira, não vamos detalhar aqui as diferentes possibilidades para este estudo; mas é importante verificar se o modelo utilizado reflete efetivamente o perfil e a caraterística de soluções de inovação. Isso porque, em geral, essas soluções têm uma curva de adoção um pouco mais longa, e demoram um pouco mais de tempo para se pagar e trazer retorno para a companhia. E alguns modelos estão mais focados no retorno em curto prazo e no impacto no fluxo de negócios da companhia nos primeiros anos — quando, possivelmente, esses projetos terão resultado negativo.

- **CAPACIDADE DE DESENVOLVIMENTO:** por fim, para aquelas soluções que se provarem interessantes depois das análises financeiras e de mercado, deve-se adicionar uma avaliação das capacidades necessárias à sua implementação — e, neste ponto, vamos além dos recursos financeiros, pois estes foram discutidos nos itens anteriores. Ao desenvolver soluções que fogem da mera evolução de um produto atual, muitas vezes são necessários recursos físicos e, especialmente, de conhecimento que a organização ainda não dispõe. Essa avaliação é crítica no momento inicial do projeto, pois a alocação da equipe e a formação dos grupos de trabalho já devem acontecer a partir do perfil dos recursos necessários e, eventualmente, é necessário buscar pessoas fora da organização. Isso ocorre, por exemplo, quando a organização decide usar, para esses novos projetos, a metodologia ágil em vez do modelo de cascata, tradicionalmente usado em implementações. Muito provavelmente, a empresa não tem essa capacidade desenvolvida e precisará formar seus colaboradores na metodologia ou trazer profissionais especializados do mercado para liderar o processo de change management e implementação enquanto isso acontece.

O fato de trabalharmos com um modelo organizacional diferente, com um conceito de empresa emocional em vez do modelo clássico, não significa que os processos e os projetos não devem seguir os princípios de responsabilidade corporativa, com foco nos valores da empresa e na perpetuação do negócio e, por isso, o time da Mente desempenha um papel fundamental com a condução e a integração de todas essas análises.

Com o conjunto de análises realizadas, é possível revisar a priorização feita e, efetivamente, selecionar aqueles projetos que têm maior potencial de retorno para a companhia e podem ser executados no momento e com os recursos atualmente disponíveis, para que sejam, então, aprovados seguindo os rituais e os procedimentos de cada organização. (No Capítulo 7, quando falarmos sobre a aplicação do modelo na prática, discutiremos um pouco mais esse tema e sobre como adequar modelos de aprovação ao modelo da empresa emocional.)

OS PAPÉIS DA MENTE

A partir do momento em que um produto ou solução é escolhido para o desenvolvimento, começa a ser formada a equipe que vai, efetivamente, trabalhar para desenhar, em detalhes, como ele será e, depois, guiar o desenvolvimento que será feito pela equipe do Corpo, como veremos no próximo capítulo.

Esse time será composto de dois níveis: o núcleo e o complementar. O núcleo, como seu nome já indica, refere-se ao grupo que estará centralizando as decisões e o desenho dos conceitos, interfaces etc., e será composto, basicamente, dos papéis de UX, UI e Conteúdo já descritos dentro do time do Coração, e pela equipe da Mente, que descreveremos a seguir, idealmente dentro do modelo ágil de Squad. Já o time complementar tem atuação sob demanda, e é trazido para as reuniões e cerimônias quando existe uma demanda específica. Por exemplo, ao desenvolver um aplicativo para clientes de um banco, não é preciso ter os especialistas em investimentos no time core, mas em algum momento do desenvolvimento o time vai precisar entender a dinâmica e os conceitos relacionados a aplicações e resgates. Gestores de investimentos, então, são chamados a colaborar nessa etapa, e depois o time volta à sua configuração original. Essa divisão tem dois objetivos: otimizar o uso dos recursos, utilizando sob demanda o tempo de especialistas valiosos na organização e, ao mesmo tempo, garantir agilidade nas decisões e ações do projeto ao trabalhar com um grupo core menor que, com o tempo, também se torna mais afinado e mais integrado.

Dentro dessa perspectiva, os papéis centrais desempenhados pela mente são os seguintes:

- **PRODUCT OWNER**: é o principal líder de um programa de desenvolvimento, assumindo o papel de definir os principais aspectos da solução e coordenar os esforços do time para atingir os objetivos desejados. Além disso, é o responsável por garantir que os recursos alocados estejam disponíveis para participar do desenvolvimento. O PO é também o hub de contato com outras áreas da companhia já que, com o tempo, torna-se o maior conhecedor daquele produto ou solução, e se torna o principal canal para solicitação de mudanças, inovações ou atualizações. Essa é, alias, a principal diferença entre o PO e o gerente de projetos tradicionais. Utilizando os princípios de metodologia ágil, para que a Mente funcione bem, o PO deve ser responsável por um produto ao longo de toda sua vida, tornando-se especialista no produto, no mercado e nos clientes. Em alguns casos, o PO, uma vez alocado a uma solução de grande porte, cuidará apenas daquela solução durante todo seu período na empresa, ao longo de todo seu roadmap de evolução.

- **BUSINESS OWNER:** a contraparte do PO, dentro da área de negócio, é quem vai representar, dentro do time, as necessidades e o ponto de vista dos clientes internos daquela solução ou o ponto de vista das áreas que são as principais interessadas em sua disponibilização. O BO trabalha muito próximo tanto dos profissionais do Coração quanto dos profissionais da mente, dentro do Squad de trabalho, pois, ao mesmo tempo que valida e revisa requerimentos de negócio, por ser um dos clientes, também pode colaborar para que o desenho da experiência seja adequado ao real dia a dia de seu uso, e não apenas um conceito. Ele é também o responsável por fazer a ponte com os demais elementos das áreas de negócio quando necessário, seja para trazer conhecimento adicional, seja para validar alguma questão levantada durante a fase de desenho do projeto ou seu desenvolvimento. Por ser o principal envolvido, e a principal fonte de informação do negócio, esse profissional deve ser alguém com boa experiência e conhecimento da área e do público para o qual o produto está sendo desenhado, evitando que exista algum tipo de viés pessoal, ou desconhecimento, que possa acabar impactando a efetiva adoção da solução ou que vá levar a muitos ajustes nas fases de teste e piloto com os usuários ou clientes.

- **GERENTE DE PROJETOS/PMO/SCRUM MASTER:** um dos grandes aprendizados que tivemos ao longo dos projetos que já implementamos é a importância de ter, trabalhando lado a lado com o PO, um especialista em gestão de projetos que fique responsável por organizar todas as cerimônias daquela iniciativa ou coordenar as agendas e garantir a execução das tarefas, bem como fazer seu acompanhamento para verificar se estamos conseguindo avançar no prazo e da forma esperada ou se há medidas a serem tomadas de forma corretiva. Recomendamos que esse profissional esteja sob uma gestão diferente da gestão do PO, de maneira que as estruturas de definição do produto e a gestão de sua evolução e execução estejam separadas. Isso porque, quando esses dois papéis estão debaixo da mesma estrutura, muitas vezes as atividades e as prioridades se confundem, e nenhum dos dois papéis é exercido adequadamente. Além disso, deixar governança e gestão debaixo de uma mesma estrutura pode fazer com que o acompanhamento do projeto não seja feito de maneira tão estrita, já que os resultados e as metas de ambos são combinados e afetam a área a que pertencem. Uma questão que costuma aparecer quando se discute esse papel é se ele está mais ligado à Mente ou ao Corpo, que vai executar a construção ou a elaboração do produto, e que, portanto, poderia ter essa atividade de controle. O modelo aplicado pode variar de empresa para empresa, e de acordo com as práticas de PMO que ela utiliza; mas, caso essa estrutura esteja sendo implementada, recomendamos que ela fique atrelada ao grupo da Mente, pois a gestão principal de prazos, prioridades e andamento é responsabilidade primária do PO, e, portanto, do time da Mente. Assim, ao ter a seu lado a estrutura de gestão, o PO pode ter melhor visão do que está acontecendo no andamento de seu programa, e atuar de forma antecipada ou preventiva sempre que sinalizado. (Há exemplos também de empresas que, a esse PMO do programa, adicionam um PMO técnico, que trata exclusivamente de tarefas de desenvolvimento de produto ou de software e que cuida da produção, reportando a esse PMO do programa o andamento dessa parte e permitindo que ele se dedique à gestão do programa como um todo.)

MEDINDO O DESEMPENHO DA MENTE

Se, como mencionamos no capítulo anterior, existem muitas dúvidas sobre a melhor forma de medir o desempenho do Coração, por se tratar de algo menos tangível, essa questão não aparece quando falamos do time da Mente. Por entrarmos em uma parte do processo de desenvolvimento e implementação do produto, existem métricas bastante práticas e objetivas que podem ser usadas aqui.

Podemos dividir os indicadores da equipe da Mente em dois grandes grupos: indicadores de andamento e indicadores de eficácia.

O primeiro bloco, indicadores de andamento, é empregado durante a fase de concepção, desenvolvimento e teste do produto, e está diretamente relacionado ao cumprimento dos compromissos estabelecidos para a entrega e adequação do produto, bem como a sua performance nos testes anteriores ao seu efetivo lançamento. Normalmente, esse grupo de indicadores é utilizado no primeiro ano de qualquer programa ou produto, e predomina na avaliação do time durante esse período, enquanto não há outras formas de acompanhar as entregas.

Já o segundo bloco, indicadores de eficácia, está relacionado à entrega e começa a ser empregado a partir do momento em que são entregues os primeiros MVPs ou são realizados os primeiros pilotos/testes de campo do produto que aquele time está desenvolvendo. Esse grupo de indicadores, que tem bastante relação com os indicadores recomendados para a equipe do Coração, deve crescer em significância conforme o produto é lançado e ganha complexidade ou corpo, devendo predominar sobre os indicadores de andamento, que, ao longo do tempo, perdem cada vez mais peso (em produtos maduros, os indicadores de andamento podem não existir para o grupo da Mente, a partir do momento que esses produtos passam a sofrer melhorias ou evoluções tratadas diretamente com os times do Corpo, e quando não há mais envolvimento do time da Mente. Vale mencionar que, para esses produtos e soluções, novas variações — como um novo release de um software ou a atualização de plataforma de um automóvel — devem ser tratadas como novos produtos dentro daquele mesmo programa e, para essas variações, são retomados os indicadores de andamento, e o ciclo se repete).

ACOMPANHANDO AS SINAPSES

Um dos principais indicadores do bom funcionamento da mente humana são as sinapses — contatos entre as terminações nervosas do cérebro, em que ocorre a transmissão dos impulsos elétricos, que são a base do processamento cerebral — ocorrendo com a frequência e a intensidade necessárias. Da mesma forma, os indicadores de andamento nos dão uma ideia da saúde do time da Mente e de sua capacidade de entrega daquilo que foi planejado. Esses indicadores costumam ser muito familiares a pessoas acostumadas a lidar com projetos, pois seu principal objetivo é acompanhar o andamento da execução daquela iniciativa, e sua perspectiva de entrega.

Para que esse grupo de indicadores possa ser aplicado, é necessário que o grupo da Mente prepare um plano de trabalho, um roadmap e, até onde for possível, um cronograma das atividades e das entregas que serão realizadas. O grau de detalhamento e especificidade que esse planejamento terá dependerá bastante do perfil do produto ou solução em desenvolvimento, e da possibilidade de sofrer alterações. Quando falamos de um modelo ágil, por exemplo, é premissa do produto em desenvolvimento trabalhar a partir de MVPs e ir determinando as fases seguintes de acordo com a evolução orgânica do processo — e, por isso, muitas vezes é difícil ter um cronograma detalhado de toda a solução, se ela for pensada em módulos. Nesse caso, o recomendado é ter um roadmap com prazos desejados e detalhar o processo de desenvolvimento para o primeiro MVP, criando os outros detalhamentos a partir da experiência adquirida.

Outro fator que pode afetar a precisão desse indicador é a acuracidade das estimativas que estão sendo feitas no início do processo. Esse trabalho, que normalmente é conduzido pelo time do Corpo a partir das premissas estabelecidas pela Mente, é feito a partir de histórias, requerimentos ou funcionalidades pensadas para a solução, ou de especificações, em se tratando de produtos físicos — e, por isso, a qualidade desses materiais vai afetar diretamente a capacidade de estimar esforços feitos pelo time do Corpo.

Assim como nos modelos tradicionais de negócio, também é importante que se estabeleçam marcos a serem atingidos, e entregas-alvo, para que todo o time envolvido e a alta gestão da companhia tenham visibilidade de quando esse processo de desenvolvimento terá resultados. Mesmo que a empresa adote a metodologia ágil, e revise o planejamento específico a cada sprint, este horizonte de disponibilidade para os clientes é algo que não pode ser deixado de lado, pois ele é fundamental para a avaliação posterior de eficácia, assim como para começar a medir o impacto dessa solução no negócio e, até, para preparar outros projetos, plataformas ou serviços que serão afetados por ele, garantindo que o restante do organismo empresarial se prepare para seu lançamento de forma adequada.

COMO MEDIR O ALCANCE DE UM PENSAMENTO

O segundo grupo de indicadores, que chamamos de indicadores de eficácia, como mencionamos anteriormente, tem um objetivo distinto. Seu olhar não está na condução do processo e em seu andamento, mas sim em entender se a solução que foi pensada a partir das dores identificadas pelo time do Coração está resolvendo o problema que se propôs resolver.

Assim como o grupo de indicadores de andamento tem relação direta com os indicadores do time do Corpo, este aqui tem uma relação direta com os indicadores do time do Coração, e devem ser entendidos em conjunto com os resultados obtidos neles. Em alguns casos, podem até ser compartilhados, pois a medida de efetividade da solução criada depende, em grande parte, do entendimento correto dos clientes e de suas necessidades. Assim, os indicadores de Adoção e Permanência/Churn, que explicamos no Capítulo 3, podem também ser adotados pela equipe da Mente, focados não no conceito, mas no uso específico da solução.

Dessa forma, por exemplo, enquanto o Coração observa o volume de clientes que adotam uma determinada solução, a Mente deve observar o comportamento desse mesmo cliente dentro daquele processo — por exemplo, observando se o cliente tem o comportamento esperado de tempo de permanência, navega pelo conteúdo esperado ou abandona com frequência o carrinho de compras em um site. Um bom exemplo para mostrar a distinção é o caso de bens de consumo, em que o volume de vendas é uma demonstração de adoção pelo cliente, uma vez que ele mostra que o produto atendeu a uma necessidade, mas seu formato de uso e recompra depende da experiência com o produto, que é o resultado do trabalho da Mente. (Quer um exemplo simples do dia a dia? Os abridores existentes nas alças de baldes de alumínio promocionais. A dor foi bem definida — a necessidade de abrir as garrafas que estão gelando sem precisar esperar um garçom. O conceito do produto é bom, de ter o abridor como base na alça, assim ele faz parte da mesma peça e está sempre disponível. Entretanto, olhe ao seu redor na próxima vez que estiver em um bar: nem clientes nem garçons usam esse apetrecho, porque sua posição é desconfortável, ainda com risco de derramar o líquido na mesa. Ou seja: o time do Coração entendeu bem a necessidade, mas a Mente não ofereceu uma solução eficaz.)

Outra medida que pode ser utilizada pelo time da Mente, para avaliar a qualidade da solução, é o número de versões, alterações ou melhorias que são necessárias em uma solução do produto depois de seu desenvolvimento. Observe aqui que não estamos falando de correções técnicas ou de ajustes de desenvolvimento, pois esses são indicadores que, como veremos, fazem parte das medidas do Corpo, mas sim da necessidade de ajustes no produto final desenvolvido de modo que ele atenda de forma efetiva a dor do cliente. Em uma aplicação, por exemplo, a necessidade de reformular a hierarquia de organização das funcionalidades, ou a disposição das informações, é um indicador de que a solução inicial não estava adequada ao seu objetivo.

Outro potencial indicador é o ciclo de vida do produto ou da solução desenvolvida, e a necessidade de substituição ou de cancelamento/descontinuação de sua produção, como acontece no exemplo a seguir.

Em uma indústria farmacêutica que estudamos, havia uma linha de produtos para tratamento de hipertensão, que é uma patologia crônica, ou seja, o cliente que inicia o tratamento vai segui-lo por toda a vida. Embora o produto tivesse boa aceitação por médicos e pacientes, havia um problema grave de abandono de tratamento: os pacientes começavam o tratamento, em um mês, ao ver a pressão diminuir, não compravam a caixa seguinte do remédio e deixavam de se tratar. O problema era especialmente grave porque, não sabendo da razão da interrupção, ao ver a pressão alta depois de algum tempo, o médico terminava por trocar a medicação e, assim, um cliente era perdido.

Tendo observado que a taxa de abandono caía após três meses, pois os pacientes que permaneciam esse período já tinham incorporado o tratamento à sua rotina, qual foi a solução da empresa? Lançar no mercado uma embalagem de 90 comprimidos, com um preço que correspondia a 80% do valor da compra de 3 embalagens-padrão de tratamento mensal, com um desconto adicional de 10% na primeira compra. Entretanto, o que parecia uma ótima ideia, inclusive com bons benefícios para o cliente, mostrou-se uma grande decepção: 18 meses após o lançamento, essa embalagem respondia por menos de 1% das vendas e foi descontinuada. A razão? Apesar de ter um bom desconto, o preço final ainda era alto para o orçamento dos pacientes, pois correspondia a mais de dois meses de tratamento e, geralmente, quem tomava aquela medicação eram pessoas de mais idade e de orçamento apertado.

Esse é um bom exemplo de como uma dor existente pode ser mal traduzida em uma solução. (Nesse caso, observamos que houve uma falha inicial da parte do time do Coração, que deixou de entender uma característica essencial do cliente, que era sua capacidade financeira, e que induziu o time da Mente a uma solução ineficaz. Este, por sua vez, falhou ao não questionar o time do Coração sobre características básicas de perfil do cliente.)

Assim, ao definir indicadores de eficácia para o time da Mente procure por características que indiquem se o esforço dedicado pela companhia àquela solução ou produto é condizente com o resultado de negócios que ele trouxe. Esse é o time cujos indicadores mais se aproximam dos indicadores das áreas comerciais e de negócio, pois essas são as melhores provas de que o conceito pensado pela Mente teve boa aceitação e gerou valor para o negócio.

PENSO, LOGO EXISTO?

O trabalho da Mente é, de longe, o mais complexo, pois envolve desde o entendimento da dor do cliente até o acompanhamento do ciclo de vida do produto junto com o time da Alma, sobre o qual falaremos no Capítulo 6. E pensar na solução para o cliente é apenas a primeira parte de seu trabalho, pois, a partir deste momento, ele é o guardião do produto desenvolvido, e deve acompanhar o processo de seu desenvolvimento, criação ou produção.

Assim, da mesma forma como o Coração trabalha em estreita sintonia com a Mente, a Mente trabalha em conjunto com o Corpo nas etapas seguintes do processo, para acompanhar, orientar e, se necessário, ajustar o processo que vai resultar no produto desejado.

A seguir, vamos falar sobre esse processo de construção e transformação de ideias em produtos tangíveis, um trabalho que será executado pelo Corpo, a partir de todas as descobertas, conclusões e recomendações dos dois organismos sobre os quais falamos neste capítulo e no anterior.

CHECKLIST

Para que a organização possa trabalhar de forma adequada o conceito da equipe da Mente, é preciso que ela tenha uma visão de quais são suas prioridades e suas capacidades de execução, para que possa se orientar em direção à melhor solução possível para as dores identificadas. Algumas das questões a serem respondidas nesse processo são:

- A empresa tem um processo organizado de análise de viabilidade de ideias e conceitos?

- Existe uma base de conhecimento sobre os casos analisados no passado que possa subsidiar discussões sobre a viabilidade de uma nova ideia?

- Os gerentes de produto e áreas de projeto trabalham de forma integrada com as equipes de pesquisa e informação de mercado?

- Ao definir o planejamento de novos negócios, o principal fator de decisão é a capacidade produtiva ou o impacto de negócio?

- Os processos de planejamento estratégico são feitos de forma isolada por cada uma das áreas ou existe uma discussão em conjunto entre as áreas de negócio, produto, produção e distribuição?

- Existe flexibilidade no processo produtivo e de planejamento para mudanças durante a execução de um projeto?

- Os KPIs corporativos estão dirigidos apenas a indicadores financeiros e de volume ou existe espaço para indicadores mais ligados à recepção, à percepção e à adesão aos produtos ou soluções oferecidos ao mercado?

- Existe abertura para novas metodologias, como a ágil, ou a empresa ainda está presa a modelos tradicionais? Qual é o esforço necessário hoje para construir um produto de uma forma diferente da que tem sido feita?

CAPÍTULO 5

Corpo: Mãos à Obra!

PONTOS-CHAVE DESTE CAPÍTULO

O Corpo é o organismo responsável pela efetiva execução do produto ou serviço que a empresa oferece, de forma similar às áreas tradicionais de produção.

Uma diferença significativa na empresa emocional, entretanto, é o fato de, neste modelo, o Corpo estar envolvido de forma direta e constante no processo de entendimento das necessidades do cliente e discussão das alternativas e possibilidades, não sendo apenas um elemento passivo que vai cumprir definições estabelecidas pelo time da Mente.

Esse envolvimento, além de trazer grandes benefícios para a empresa ao fazer com que todos trabalhem de forma mais integrada, também valoriza esse grupo que, normalmente, não tem tanto destaque e visibilidade quanto as áreas de negócio e de produto. O Corpo é, tanto quanto os outros times, uma peça fundamental no processo — pois de nada adianta ter um entendimento perfeito da dor do cliente, e uma tradução perfeita dessas dores em produtos e serviços, se a empresa não conseguir reproduzir essas definições de forma similar e constante na produção.

Engajar o Corpo costuma ser um dos maiores desafios em empresas de bens de consumo que procuram adotar metodologias como a que apresentamos aqui — quando temos um corpo excessivamente técnico —, muitas vezes não por falta de interesse no cliente, mas por formação e estímulo; e, por isso, esse grupo merece uma atenção especial durante o período de transformação.

Não existe serviço, produto ou solução que não precise ser construído. Por melhor que seja o entendimento da dor do cliente e sua tradução em um conceito de solução, qualquer produto só existe depois de transformado em algo tangível, que possa ser oferecido ao mercado ou aos clientes internos, de forma estruturada — e esse é o trabalho a ser executado pela equipe do Corpo.

Esse time vai concentrar as funções relacionadas à construção, ao desenvolvimento e à produção dos produtos a serem oferecidos pela empresa, e integrá-las neste organismo vivo de que temos tratado. Na empresa emocional, esses papéis não são tratados de modo secundário, como acontece em muitas organizações que se dizem orientadas ao cliente ou ao mercado; ao contrário, são desde o início integrados nas discussões conduzidas pelo time da Mente, de maneira que, no processo de pensar uma solução, as características de desenvolvimento e de produção que ela necessita já são discutidas, e deve avaliar se é efetivamente possível criar aquele produto dentro do ambiente dos recursos disponíveis ou se será necessário algum tipo de diversificação ou investimento adicional por parte da alta direção executiva.

POR QUE CORPO?

Quando pensamos na empresa como um organismo, conforme temos discutido durante todo este livro, a escolha para personificar a construção dos produtos não poderia ser outra se não o Corpo. É ele que tem as funções motoras, que é responsável pela execução de tarefas e que integra os demais órgãos em uma atividade coesa e única.

CORPO: MÃOS À OBRA

Escolher o corpo também tem uma função simbólica de equilibrar o peso das diferentes equipes de uma maneira harmônica e mostrar à organização que as funções de execução são tão importantes quanto as demais. Poderíamos, por exemplo, ter escolhido apenas as mãos para representar esse grupo, pois são elas que, afinal, executam o trabalho e são responsáveis pela maior parte do que o corpo produz. Entretanto, seria muito limitador, e, ao mesmo tempo, por mais importantes que sejam, elas não são entendidas como órgãos tão importantes quanto o coração e a mente pela maior parte das pessoas.

Por outro lado, o Corpo é, nesta simbologia, mais que um elemento de execução puro: é ele que hospeda Coração e Mente, que os conecta, que torna possível um pensamento ser executado retirando força das batidas do coração. Assim, também fica mais fácil para a organização entender a importância do Corpo: é ele que dá unidade a todo o processo, que conecta os pontos e transforma a emoção e o pensamento em algo tangível. E, ao hospedar essas capacidades, também agrega a elas outras funções essenciais para que esse organismo funcione, trazendo consigo todas as funções de suporte junto com as funções de produção para o processo de desenvolvimento e implementação da solução final imaginada.

CABEÇA, TRONCO E MEMBROS

O Corpo da organização, como em qualquer organismo, e como mencionamos anteriormente, é composto por diversos elementos. Neste capítulo, vamos falar um pouco mais sobre as funções de desenvolvimento de produtos, passando ao largo de funções de suporte; mas, ao observar esses diferentes papéis, veremos que há algumas características comuns entre eles, independentemente da parte do Corpo na qual se localizam:

- **CONHECIMENTO TÉCNICO:** os diferentes papéis que compõem o Corpo são, normalmente, papéis que exigem um conhecimento técnico muito grande em suas áreas de operações, pois eles são responsáveis pela execução de determinadas tarefas ou atividades bastante específicas e fundamentais para a construção adequada da solução. Em uma empresa de bens de consumo, por exemplo, ao desenvolver um novo produto, a área de P&D precisa conhecer muito bem os diferentes tipos de materiais que precisam ser usados e suas características, para poder escolher os mais adequados. Ou, em outro exemplo, temos profissionais de tecnologia que conhecem profundamente uma determinada linguagem ou plataforma, podendo desenvolver qualquer funcionalidade especificada dentro de sua área de atuação.

- **ESPECIALIZAÇÃO:** ao contrário das áreas do Coração e da Mente, em que os profissionais precisam ter uma visão mais ampla de clientes e mercados, estando sempre abertos a novas possibilidades e desenvolvimentos, não se atendo a uma área específica, os profissionais do Corpo, em geral, têm um maior grau de especialização e se desenvolvem dentro de suas áreas de conhecimento. Como veremos, essa especialização é fundamental para que o processo ocorra da forma correta, pois eles terminam por ser os guardiões de processos, princípios e modelos de desenvolvimento, garantindo que existam padrões que podem ser seguidos ou repetidos para entregar mais unidades, ou replicar, os produtos e as soluções desenvolvidos.

Existem muitas discussões, ao olhar o modelo da empresa orientada ao usuário, quanto à inclusão de áreas operacionais e de suporte dentro desse modelo, mas acreditamos que, ao observar as características esperadas dessa área, podemos entender que a versão completa e estendida do Corpo pode abranger quase todas as funções não cobertas por Coração e Mente — embora, como veremos mais adiante, exista um time que é o core do Corpo e que tem as funções fundamentais para que este modelo funcione na prática, levando à efetiva entrega de soluções e de produtos no dia a dia.

UM ALERTA

Quando o Corpo está envolvido nas sessões de discussão e Design Thinking, esse processo pode ser acelerado por dois vetores. O primeiro, do ponto de vista de discussão da solução, pois os impeditivos técnicos já surgem na fase de elaboração do conceito e, assim, soluções impossíveis já são descartadas de imediato; e o segundo, de viabilidade financeira, pois são levantadas também questões sobre a complexidade de se desenvolver o planejado, o que pode levar a mudanças rápidas de caminho, evitando custos desnecessários e agilizando a produção. Por outro lado, ao trazer o Corpo para essa discussão, é importante também que a organização tome cuidado com alguns riscos que esse procedimento traz:

- Algumas organizações em que o conhecimento técnico predomina, ou que têm em suas áreas produtivas seu core, podem acabar descartando soluções mais inovadores por se aterem demais ao processo atual, ou ao conhecimento existente dentro da companhia, e ao final gerar um produto que está mais ligado à capacidade existente do que à necessidade do cliente.

- O ideal em processos de discussão feitos pela empresa emocional é que se esgotem as possibilidades conceituais para resolução das dores encontradas e, apenas nesse momento, façam-se as escolhas sobre quais processos avaliar em profundidade e que soluções devem ser descartadas. Ao envolver especialistas, é preciso ter a certeza de que a cultura orientada ao cliente tenha realmente sido criada e estabelecida para que a discussão possa ser franca e aberta, e não acaba em uma oposição entre "sonhadores" e "práticos", como observamos inúmeras vezes em nossa experiência profissional.

Quando o balanço entre especialistas e demais equipes não é feito da maneira correta, e as duas situações anteriores ocorrem, isso acaba influenciando o modo de pensar das equipes do Coração e da Mente, que passam a se preocupar em demasia com a viabilidade de suas descobertas ou ideias antes mesmo de serem discutidas com o grupo. Esse viés inconsciente acaba reduzindo o grau de inovação e criatividade dentro da equipe e, assim, são perdidas oportunidades de melhoria ou de disrupção. Esse é um processo que vemos acontecer com frequência nas organizações tradicionais, especialmente naquelas ligadas à produção de bens de consumo, já que as decisões de custo e de escala acabam se sobrepondo à necessidade de inovação, em muitos casos, até que seja tarde demais.

Essas situações são mitigadas com um trabalho profundo de Change Management e de gestão de cultura da empresa emocional, em que se mostra os benefícios do modelo adotado e da necessidade de um pensamento mais aberto, como veremos no capítulo dedicado à Alma.

DO CONCEITO À PRÁTICA

Como mencionamos, o principal papel do Corpo é desenvolver, na prática, as soluções que foram imaginadas pela Mente a partir do conhecimento obtido e gerado pelo Coração. Dentro dessa perspectiva, o primeiro trabalho que esse grupo executa é, a partir dos conceitos imaginados anteriormente, iniciar a especificação técnica da solução imaginada, para entender eventuais barreiras ou impeditivos que exijam uma nova discussão, com a Mente e o Coração sobre a viabilidade do que foi proposto.

Assim, uma vez que o processo chega para a equipe do Corpo, entra-se na fase mais específica de desenvolvimento — o produto, que trata da especificação da solução ou do produto a ser desenvolvido, e a estimativa efetiva de tempo para produção ou desenvolvimento. Como já observamos, durante o processo de priorização, existe uma estimativa de alto nível de recursos e profissionais a serem envolvidos, mas é nesse momento que os times se debruçam sobre os protótipos, os conceitos aprovados e os objetivos para estudar detalhadamente suas implicações e o grau de complexidade de implementação dentro do ambiente atual da companhia.

Esse processo de especificação e detalhamento da seleção é um momento crítico do desenvolvimento de nossa empresa orgânica, pois é quando se pode, de fato, entender qual será a contribuição daquele produto específico para o futuro do negócio, e a que custo se chegará àquele objetivo. Geralmente, nesse momento são identificados os principais obstáculos técnicos a seu desenvolvimento, e o Corpo, então, deve trabalhar em estreita sintonia com o grupo da Mente para entender quais são as mudanças necessárias, e que podem ser feitas sem prejuízo ao objetivo da solução recomendada ou do desenvolvimento daquele produto em si. Um caso comum de ser observado em companhias de maior porte, por exemplo, é a dificuldade de integração com informações existentes nas bases de dados da companhia, ou com sistemas legados, o que pode exigir grande esforço. Em uma das empresas farmacêuticas na qual os autores trabalharam, por exemplo, foi necessário um grande esforço de unificação das bases de dados de médicos que eram acessadas por diferentes canais, e em diferentes momentos, antes que uma nova solução de força de vendas pudesse ser desenvolvida. Outro exemplo que observamos, em uma empresa do segmento de cosméticos, foi a necessidade, ao lançar uma linha de produtos ecologicamente corretos e que atendia a uma nova geração de consumidores, de revisar o processo de compra e descarte de embalagens de toda sua linha de produtos, pois seria inconsistente vender produtos com o posicionamento de respeito à natureza, e depois não ter práticas adequadas durante o processo fabril. (Embora pareça uma preocupação sem fundamento, isso é mais comum do que parece, e usualmente esse tipo de situação não é levado em consideração pelas empresas em seu processo de inovação, resultando em exposição negativa por parte de clientes nas redes sociais, com danos de imagem e reputação muito maiores do que o custo das medidas a serem tomadas.)

Mas apenas o conhecimento dos processos atuais e dos métodos produtivos ou de desenvolvimento não é suficiente para que o time do Corpo seja um motor do processo de transformação da empresa, junto com o Coração e a Mente. Ele também precisa estar no mesmo modo de pensamento que essas duas áreas, com o pensamento de crescimento e desenvolvimento, e trabalhar com o fator mais importante para o sucesso futuro da empresa emocional: a inovação.

ABANDONANDO O SEDENTARISMO

Este talvez seja o maior desafio a ser enfrentado pela equipe do Corpo: pensar de uma forma inovadora e diferente ao analisar quais são os melhores meios para construir e entregar a solução que foi proposta pelas equipes anteriores. E esse desafio vem principalmente da necessidade de vencer a inércia e os processos estabelecidos, em que a tendência é sempre repetir os métodos e as práticas que têm sido utilizados ao longo do tempo por aquela organização. Podemos observar, por exemplo, a dificuldade das grandes organizações em adotar efetivamente os métodos ágeis de construção e desenvolvimento, mesmo depois de abraçarem essa cultura e de fazerem a mudança em seus times de negócio.

Segundo nossas observações, esse receio é fundamentado, principalmente, em dois fatores absolutamente compreensíveis:

- O maior risco financeiro envolvido nessa etapa, pois, enquanto Coração e Mente têm trabalhos mais conceituais, o trabalho do Corpo exige investimentos em pessoas, recursos, ativos etc. para ser realizado e, portanto, em caso de adoção de um caminho errado, ou de falhas em um novo processo de desenvolvimento ou produção, existe prejuízo real para a empresa. Quanto mais estabelecidas forem as práticas de desenvolvimento e de produção, e quanto mais forte for o PMO, por exemplo, no controle de gastos e datas, maior será a tendência em seguir estritamente os caminhos já traçados, e menor será o apetite por inovação.

- A expectativa das áreas de negócio em relação às entregas. No caso de desenvolvimento de bens de consumo, logicamente, o resultado de todo esse processo é uma mudança no produto e, assim, normalmente não se consegue fazer uma entrega parcial, o que é parte do perfil do mercado. Mas no mercado de serviços, e especialmente no desenvolvimento de soluções de tecnologia, a resistência observada é a mesma: apesar do discurso sobre velocidade de entrega e do apoio ao trabalho em sprints, existe grande dificuldade em se fazer entregas parciais, pois normalmente a introdução de novas soluções e modelos envolve a substituição de sistemas legados, ou práticas atuais, e estas, por não terem sido construídas de forma modularizada e flexível, não são tão facilmente substituídas aos poucos.

Assim, cria-se uma dicotomia entre a ambição de inovação e a necessidade de manter o funcionamento do negócio, e, na maior parte das organizações até hoje, a tradição vence e as abordagens inovadoras levam muito mais tempo para serem aceitas e efetivamente implementadas. É por essa razão que, como temos mencionado desde o início deste livro, não basta criar uma área ou adotar uma metodologia de trabalho mais moderna como a metodologia ágil — é preciso transformar a empresa para adotar a inovação em seu core, em seus métodos produtivos e de desenvolvimento. Todos devem se unir para construir esta empresa emocional, que respira clientes e inovação em todas as áreas e trabalha colaborativamente como todos os órgãos do corpo em busca de uma sobrevivência continuada e da consolidação do seu negócio.

Quando essa mobilização é obtida, todo o processo de trabalho do time do Corpo é facilitado, pois haverá mais espaço para a modernização e atualização dos processos e métodos de trabalho e, da mesma forma, o processo de evolução das soluções desenvolvidas e dos processos que foram implementados se torna muito mais simples e eficiente.

MANTENDO A FORMA

Esse processo de consolidação da inovação nas metodologias de desenvolvimento e entrega é importante também porque, além de ser o responsável pela criação efetiva dos produtos criados pela Mente, será, ao longo do tempo, também o responsável por materializar os ajustes necessários na solução desenvolvida para que ela seja entregue em 100%, no caso de problemas encontrados nas fases de teste e de lançamento ou ao chegar a seu cliente/usuário final — um processo já normal dentro das áreas de produção e desenvolvimento, que precisa ter rapidez e eficiência para minimizar os possíveis impactos na sua adoção por parte dos clientes. Por isso, é importante que na fase final de prototipação, testes ou mesmo no contato com as primeiras levas de produtos ou releases de soluções, sejam envolvidos clientes reais, por meio do time do Coração, para que possamos ter a percepção desses ajustes quanto antes. Em uma empresa financeira estudada pelos autores, por exemplo, ao lançar uma nova versão de seu aplicativo, com o objetivo de facilitar o acesso dos clientes a seu saldo, foram retiradas da tela inicial algumas funções de aplicação, o que parecia atender à necessidade básica do cliente, de saber de imediato que quantia tinha disponível. Ao lançar o App, entretanto, começaram a receber reclamações de clientes, que queriam, ao ver que havia saldo disponível, rapidamente ir à seção de aplicações e não deixar o dinheiro parado. Assim, precisaram rapidamente lançar uma nova atualização, trazendo o link de volta, mas já com algum desgaste na percepção do cliente, e ofuscando outras melhorias que haviam sido feitas na mesma atualização.

Da mesma forma, é importante que essa equipe esteja permanentemente acompanhando os movimentos de mercado e clientes identificados pelo time do Coração, pois será sua responsabilidade fazer a manutenção e evolução dos processos, serviços, soluções e produtos desenvolvidos de acordo com as mudanças detectadas no ambiente e no entorno. Portanto, quanto mais integrados estiverem com as demais áreas, mais rápida poderá ser sua reação e, da mesma forma, melhores serão os resultados para o negócio, que nesta parceria pode também descobrir novas oportunidades ao explorar as possibilidades de inovação no desenvolvimento que serão analisadas pela equipe do Corpo.

MEDINDO A TEMPERATURA

Acompanhar o desempenho do time do Corpo é, provavelmente, o processo mais simples entre os quatro elementos que compõem a empresa emocional, pois é o grupo que tem entregas mais palpáveis, e cujo trabalho pode ser mais facilmente acompanhado. A implementação de um novo processo produtivo ou a adaptação de uma linha de produção para um novo produto, por exemplo, precisa de um planejamento bastante detalhado, e com entregas claramente definidas, permitindo uma avaliação clara da performance do time. Da mesma forma, ao desenvolver uma solução de tecnologia, ou um serviço, mesmo que os elementos específicos não sejam tão claros, é possível entender bem quais são os pontos finais desejados, e entender se a entrega atende ou não aos pontos definidos na especificação inicial da solução.

Como falamos, este tipo de empresa tende a adotar metodologias de trabalho orientadas para entregas mais rápidas e incrementais, como a metodologia ágil, por permitir sua evolução em ciclos mais curtos e, por consequência, ganhar velocidade para atender a novas necessidades ou situações que surjam no mercado. Nesse caso, os indicadores de entrega eventualmente são um pouco mais difíceis de definir ao início do processo, já que o próprio conceito de trabalho prevê a constante revisão das entregas e a alteração das prioridades a partir de conversas com os líderes de negócio a cada sessão de planejamento, que costuma ocorrer a cada sprint (que, dependendo da iniciativa e do perfil de negócio, geralmente dura entre duas e três semanas. Ainda que tenhamos observado empresas com ciclos de produção de uma semana, também observamos que, por ser um período muito curto, isso acaba fazendo com que os rituais de evolução sejam negligenciados e, como veremos no próximo capítulo, sobre a Alma, eles são fundamentais para o amadurecimento do grupo e para a melhoria contínua).

Para esses casos, ainda assim, é possível ter indicadores precisos sobre o desempenho do Corpo:

- **CUMPRIMENTO DE EXPECTATIVAS DE DESENVOLVIMENTO:** no início de cada período de desenvolvimento, ou sprint, existe a definição da capacidade produtiva ou do número de pontos/horas de trabalho a serem entregues durante aquele período. O cumprimento do acordado, e o efetivo uso de todas as capacidades previstas do time alocado, é uma das medidas de eficiência mais precisas que se pode ter ao longo do processo, pois, ao usar metodologias que em vez de longos períodos de planejamento trabalham com ciclos curtos, a empresa deveria ter uma maior previsibilidade de suas entregas. Assim, desvios muito significativos serão um sinal de alerta sobre a gestão do Corpo e seus efetivos engajamento e preparação para o trabalho.

- **PERFORMANCE DE TESTES:** outra importante medida de qualidade é a performance do produto ou solução nos testes pós-produção, que verificam a qualidade do produto gerado, sua escalabilidade e sua reprodutibilidade, quando for o caso. Nessa situação, também temos um indicador muito claro da qualidade do trabalho que o Corpo executou, ao observar a ocorrência de erros ou falhas catastróficas; assim como se pode avaliar eventuais custos adicionais no projeto ou iniciativa por conta da necessidade de refazer algum trabalho ou de consertar algo que não está funcionando como deveria ou não está gerando o produto final esperado.

MENS SANA IN CORPORE SANO

Dedicamos este capítulo a mostrar a importância dos papéis de execução e construção efetiva do produto ou solução dentro do contexto geral de uma empresa emocional. É o Corpo que, afinal, faz com que tudo aquilo que foi identificado, mapeado, discutido e planejado nas etapas anteriores se transforme em algo palpável, e que vai garantir o retorno sobre o investimento na empresa. Quando esta etapa não funciona, não importa quão precisos tenham sido os entendimentos do time do Coração, e sua transformação em ideias e conceitos. Nem o time da Mente foi capaz de tomar esses conceitos mais abstratos e transformar isso em uma proposta de produto ou serviço absolutamente fantástica e que traduz exatamente o que precisa ser feito de maneira a ocupar o espaço de mercado que foi identificado.

Como diz o provérbio latino que dá título a este tópico, para termos uma mente em forma, precisamos de um corpo em forma. E isso vale também, e muito, para os organismos empresariais — em especial aqueles que querem seguir este caminho novo e verdadeiramente orientado pelo cliente, e não apenas um discurso de campanhas de marketing e comunicação. Vale reforçar que é por isso que, dentro do modelo da empresa emocional, entendemos que o time do Corpo deve estar envolvido nas discussões sobre novos produtos ou serviços desde sua concepção, criando maior engajamento e, em especial, identificação com as razões pelas quais a companhia decidiu seguir com um projeto em vez de outro. Ao trazer um time que normalmente recebe apenas demandas e solicitações, especificações que deve seguir, para a etapa de planejamento e construção conceitual, todos ganham, pois questões ligadas ao desenvolvimento podem ser identificadas mais cedo, antes que virem barreiras ao desenvolvimento. Da mesma forma, entendendo as características ou dificuldades em produzir determinada solução, se reforçará junto aos times da Mente e do Coração a importância de estar sempre buscando a simplicidade e a eficiência em entregar novas ideias aos clientes, em vez de buscar a complexidade ou a inovação pela inovação.

Sabemos, entretanto, que esse processo de integração e evolução não acontece do dia para noite, e que, para isso, é preciso que a organização crie formas e fóruns nos quais os times possam trabalhar juntos, aprender uns com os outros e, ao longo do tempo, trocar experiências de maneira que faça o processo de trabalho e suas relações irem se adaptando ao que gera melhor resultado. Como veremos no próximo capítulo, essa é exatamente uma das principais responsabilidades do time da Alma, que tem como objetivo principal garantir a evolução e a melhoria dos processos da empresa, buscando otimizar os recursos disponíveis e aumentar o impacto de novas iniciativas nos resultados de negócio.

CHECKLIST

A questão-chave quando falamos do Corpo é, principalmente, sua integração com as demais áreas e processos da companhia, pois, estando mais ligado à execução e ao processo produtivo em si, ele é composto de áreas que normalmente já têm um grau de organização elevado, estando preparado para executar sua função no momento em que é acionado.

- O processo de desenvolvimento, ou produção, em sua empresa é integrado com os outros departamentos ou funciona como um silo? (Pense inclusive em como ele está fisicamente localizado, se divide áreas com outros departamentos ou fica, por exemplo, em uma planta isolada.)

- Existe um processo de troca contínuo entre a equipe de desenvolvimento de produtos, as áreas técnicas e as áreas de negócio?

- Existe um processo de feedback de mercado para essas equipes durante o período de lançamento?

- Como os comentários de clientes, tanto positivos quanto negativos, chegam a esse time?

- Os líderes das equipes de áreas de suporte e produção participam dos processos de discussão e desenvolvimento de novos produtos? Ou apenas recebem especificações e caraterísticas que devem ser reproduzidas sem poder ter voz ativa no processo?

- Quando é preciso fazer alguma alteração no produto ou serviço entregue, por questões técnicas ou de atualização, como essa informação é passada pela área responsável para os times de negócio? Existe alguma análise conjunta de impacto de negócio e impacto no cliente?

- Existe uma forma de reconhecimento para esse grupo quando a empresa é reconhecida por sucessos obtidos em iniciativas orientadas ao cliente ou de impacto no mercado? Ou o reconhecimento se mantém apenas nos times com maior visibilidade?

CAPÍTULO 6

Alma: Aprender para Evoluir

PONTOS-CHAVE DESTE CAPÍTULO

Como todo processo de mudança, a adoção dos conceitos da empresa emocional é um movimento contínuo, em que a cada passo novas lições são aprendidas, e elas retroalimentam a empresa para que, no próximo ciclo as atividades sejam realizadas de maneira ainda mais harmônica e integrada.

A Alma é a responsável por organizar esse processo de aprendizado, e registrar as discussões que aconteceram, assim como as ideias que não foram utilizadas naquele momento, de forma a criar uma memória para a organização que a torne cada vez mais eficiente no processo de aprender sobre o cliente e transformar isso em um negócio viável e interessante.

Assim, as funções naturais de acompanhamento e monitoramento fazem parte da Alma, mas também as funções relativas à gestão de recursos e pessoas que podem se beneficiar desse conhecimento. O próprio perfil dos colaboradores que a empresa busca e o conhecimento que precisamos de cada um deles mudam com a entrada do novo modelo, impactando processos de recrutamento e seleção, treinamento, gestão...

Embora um olhar mais rápido possa indicar a Alma como um organismo menos importante em relação aos outros três, ele tem um papel fundamental de conectar todas as partes do quebra-cabeças a partir de uma perspectiva mais neutra: não estando diretamente responsável nem pelo ângulo do cliente, como o Coração, nem do produto, como a Mente, nem com o de produção e desenvolvimento, como o Corpo; a Alma consegue observar esses três elementos e trabalhar na resolução de conflitos e na construção de acordos que permitam superar eventuais diferenças e seguir em frente no caminho da construção da empresa emocional.

Qualquer organização que pretenda se manter ativa ao longo do tempo precisa evoluir e se adaptar às mudanças do tempo e do mercado, como já mencionamos no início deste livro. A velocidade de reação e a forma como o processo de evolução é conduzido podem fazer a diferença entre manter a organização saudável e atravessar esses períodos mais turbulentos sem sobressalto ou passar por tempos muito difíceis, em alguns casos chegando até a inviabilizar o negócio. Essa é a razão pela qual trazemos este quarto elemento na composição da empresa emocional, a Alma. É ela que faz a conexão entre os outros três no sentido de dar unidade à sua atuação e a todas as iniciativas que correm em paralelo e, mais importante do que isso, também concentra as atividades de aprendizado e evolução corporativa, retroalimentando os demais órgãos e os colaboradores para que os processos e os procedimentos possam ser refinados e alterados conforme os resultados obtidos nas iniciativas anteriores.

POR QUE ALMA?

Quando pensamos neste papel organizacional de crescimento e desenvolvimento, e olhamos para a empresa como um organismo vivo, a escolha não poderia ser mais natural, na busca do entendimento, pela corporação da responsabilidade desse quarto grupo. A Alma torna cada organismo único, independente, define sua personalidade, e melhor reflete a evolução de qualquer indivíduo, aprendendo com seus acertos e, principalmente, com seus erros. A empresa emocional também precisa deste senso evolutivo, deste amadurecimento necessário em seus processos e reflexões sobre o cliente e suas soluções de maneira que possa a cada ciclo ser mais e mais produtiva.

É importante reforçar que o conceito não traz em si qualquer vínculo religioso ou de conotação espiritual, mas sim está relacionado com esta característica inerente e diferenciadora da Alma, que é única para cada corporação, que bebe em seus valores e em sua história para criar um futuro que também é único, e que alimenta sua evolução com cada passo de sua jornada.

OLHAR PARA SI MESMO

Desde o início deste livro temos mencionado que a empresa emocional é uma organização que reage aos estímulos externos como um organismo vivo, aprendendo com eles e se moldando às novas necessidades utilizando razão e emoção. Durante esse processo, entretanto, é necessário que ela também entenda como esses estímulos estão afetando sua maneira de operar, seus valores e sua visão de negócio, de maneira a poder avaliar quais são as mudanças necessárias para garantir sua sobrevivência e seu crescimento em períodos futuros.

Em contraponto ao Coração, que mantém seu olhar fixo para o mundo, buscando trazer cada vez mais conhecimento sobre os clientes, o mercado e o ambiente externo, o primeiro papel da Alma é se debruçar sobre a própria estrutura da companhia, e sobre as entregas recentes que fez, de modo a buscar compreender como retroalimentar as diferentes áreas e permitir um aumento de eficiência nos futuros processos. Vale mencionar que, como veremos adiante, apesar de terem olhares para lados opostos, Alma e Coração se conectam em muitos pontos ao longo desse processo.

O segundo papel importante da Alma é o de governança e gestão, durante o processo de desenvolvimento de novos projetos e soluções. Embora o modelo que apresentamos seja um modelo que estimula a colaboração e o trabalho integrado, como ocorre na metodologia ágil, e que os diferentes órgãos trabalhem em sincronia, segue sendo necessário manter um grupo que esteja ao mesmo tempo dentro do processo como participante, mas com um olhar externo que preserve sua neutralidade caso seja necessário resolver conflitos ou intervir de alguma forma para garantir o andamento das atividades previstas dentro do planejamento.

Dentro deste segundo papel de gestor das atividades do restante do organismo, a Alma também faz o acompanhamento do uso de recursos, investimentos e retorno em cada uma das iniciativas, bem como da conexão entre elas, de maneira a garantir que os diferentes projetos dentro da companhia se mantenham em sinergia, e otimizem o uso dos recursos disponíveis como um todo na organização.

CRIANDO A BIBLIOTECA DE IDEIAS

Vamos então começar pela parte das responsabilidades da Alma mais ligada ao acompanhamento e ao controle diário de projetos, fazendo a governança das iniciativas orientadas a clientes. O primeiro momento do processo de desenvolvimento em que a Alma deve estar envolvida é a priorização de iniciativas feitas no momento inicial de discussão, logo após o Coração identificar as necessidades não preenchidas de seus clientes, e antes da Mente começar seu processo de desenvolvimento, descrito no Capítulo 3.

Durante essa etapa, como vimos, as possibilidades de projetos são discutidas entre todos os times (Coração, Mente e, sempre que possível, Corpo), de forma a escolher quais são as iniciativas que serão estudadas mais a fundo pela Mente, e quais serão deixadas de lado, ao menos momentaneamente, pelo time. O papel da Alma, nesse momento, além de ser o agente de organização dessas seções, é registrar todas as possibilidades que foram levantadas, analisadas e estudadas pelo time, incluindo as razões pelas quais foram trazidas, os pontos discutidos, os benefícios esperados de sua implementação, o esforço estimado, quando existir e, principalmente, no caso daquelas que não foram escolhidas, quais foram as razões pelas quais não foram consideradas.

A informação recolhida constituirá a Biblioteca de Ideias da Alma, que pode, e deve, servir de referência sempre que for necessário revisar novas ideias e discutir possibilidades. Um dos erros mais comuns que encontramos nas organizações estudadas é o fato de que, uma vez que um projeto ou iniciativa é descontinuado, ou não é considerado viável, não se guarda nenhuma memória da discussão. Com o alto turnover atual nas empresas, é bastante comum que os mesmos projetos sejam discutidos mais de uma vez em intervalos de tempo de poucos anos, gastando desnecessariamente recursos corporativos, o que poderia ser economizado se existisse essa biblioteca, e projetos recorrentes fossem deixados de lado logo de início, caso as razões de rejeição sigam válidas.

Ao mesmo tempo, existem iniciativas que, apesar de não serem priorizadas em determinada discussão, podem ser, em um outro momento, bastante adequadas para o negócio, devido a mudanças no ambiente ou nos consumidores. Da mesma forma, a falta de uma biblioteca de discussões passadas faz com que boas iniciativas se percam ou não sejam retomadas rapidamente, iniciando do zero discussões que já aconteceram.

ADMINISTRAR E CONTROLAR

Ainda dentro de seu papel de gestão, a Alma tem uma outra responsabilidade fundamental para o sucesso da organização, que é a gestão de alocação de recursos e investimentos entre os diferentes projetos e iniciativas existentes na companhia e, da mesma forma, dentro de cada uma das iniciativas.

A estruturação pelos organismos da empresa emocional, operando por meio de Squads, requer uma atividade de governança bastante efetiva e presente, uma vez que os recursos, em muitos casos, são compartilhados pelos projetos, e isso requer uma abordagem diferente da usada em funções tradicionais, quando os colaboradores, independentemente da atividade ou do momento, estão sempre disponíveis para, em algum momento, exercer sua função de origem em diferentes situações. A Alma é responsável pela definição das equipes de trabalho, com responsabilidades diferentes na gestão das equipes core e das equipes complementares:

- CORE: a respeito da definição da equipe Core de cada iniciativa, é responsabilidade da Alma, junto com os demais times, determinar a composição ideal para esse grupo que estará integralmente dedicado ao projeto, baseado nas experiências anteriores na companhia, assim como de referências observadas no mercado. Da mesma forma, cabe à Alma observar o desempenho dos diferentes componentes do grupo para entender se têm o perfil e as capacidades necessárias para condução do projeto como é esperado. A Alma também deve, ao longo do tempo, acompanhar a efetiva atividade dos membros do grupo Core, verificando se não há integrantes cujo papel já foi exercido em sua maioria, e que podem ser disponibilizados para outras equipes que necessitem de seu conhecimento.

- **ESTENDIDO:** como coordenador da disponibilidade de recursos para os diferentes times, é responsabilidade da Alma garantir que, no momento necessário, os grupos Core terão como acessar as pessoas necessárias para o bom andamento do projeto, e gerenciar sua alocação em combinação com as diferentes áreas e gestores. Um bom exemplo de grupo estendido costuma ser a equipe de Inteligência Comercial ou de mercado: sabemos que definir KPIs, estabelecer metas e como elas serão acompanhadas é uma etapa fundamental de desenho de qualquer produto, mas trata-se de um trabalho pontual. Assim, esses recursos participam do projeto durante a fase de discussão dessas questões, e depois podem voltar às suas funções ou iniciar a construção de seus painéis de acompanhamento sem, necessariamente, estar em todos os rituais e reuniões daquele grupo Core.

Seguindo os modelos de governança existentes, recomenda-se que a Alma também faça o controle de investimentos em cada uma das iniciativas, não deixando essa atividade para o próprio grupo de projeto. Assim, o time Core pode concentrar-se nas questões relativas ao desenvolvimento da solução planejada, enquanto essa equipe se dedica a cuidar das questões relativas à administração do projeto, contratações de recursos e andamento do consumo da verba alocada. Concentrar essas funções no time da Alma, que não tem papel dentro do Core dos Squads, também garante que a companhia terá uma visão do conjunto de recursos e investimentos, que são consolidados por esse time para a adequada gestão do pool de talentos disponível, como comentamos anteriormente.

APRENDER PARA CRESCER

Essa gestão do dia a dia, embora importante para o andamento dos projetos e do negócio, não é o papel mais o importante da organização, já que pode também ser executado por outras funções de suporte, ou mesmo terceirizado, em alguns casos. O papel central que a Alma desempenha na empresa emocional é ser o principal centro de aprendizado e desenvolvimento das práticas corporativas, a partir do que observa nos processos que acompanha. Uma equipe da Alma bem desenvolvida, e que funcione de forma adequada pode desenvolver os outros três times a partir da observação de diferentes fatores:

- Desenvolve a equipe do Coração ao construir mecanismos de feedback sobre a percepção dos consumidores e clientes acerca da forma como suas dores foram tratadas, além de também acompanhar a evolução de metodologia a práticas de pesquisa, assim como o estímulo aos diferentes times para que troquem experiências sobre seu conhecimento de cada um de seus clientes.

- Melhora a eficácia do time da Mente ao acompanhar o dia a dia dos times e sua efetividade no desenvolvimento das soluções, compartilhando as melhores práticas e moldando os processos de maneira a permitir a otimização dos recursos e um melhor aproveitamento de conceitos, além do suporte quando for necessário contatar executivos ou levar discussões aos níveis superiores da organização para discussão.

- Aumenta a produtividade do Corpo ao garantir que os processos tenham a fluidez necessária e que as premissas estão corretamente estabelecidas no momento de início do desenvolvimento, assim como eliminando eventuais atritos que existam no processo de discussão dos conceitos e produtos desejados, em contraste com as reais possibilidades de produção ou desenvolvimento.

Obviamente, esses são apenas alguns exemplos de um papel muito mais amplo, que se baseia em buscar, documentar e explorar sinergias e oportunidades de melhoria dentro das iniciativas ora em execução para retroalimentar os demais times, criando um círculo virtuoso que permite à empresa ser mais eficiente a cada nova rodada de dores levantadas.

OS ELEMENTOS DA ALMA

Como pode ser imaginado pelo papel que a Alma desempenha, é nela que se localizam os papéis habituais de gestão e de controle na organização. Uma discussão fundamental a ser tomada no início da transformação do modelo de negócio no modelo da empresa emocional é qual a amplitude que se deseja dar a esse grupo, incorporando ou não todas as funções administrativas que circundam as atividades que descrevemos em Corpo, Alma e Mente. Em organizações menores e mais inovadores, é possível ter os diferentes papéis, hoje exercidos por Finanças ou RH dentro da Alma, pois a sinergia entre essas funções e o desenvolvimento de produtos precisa ser grande para garantir agilidade nas entregas e evitar o crescimento desnecessário da equipe. Já em organizações mais tradicionais, ou de maior porte, em que essas funções atingem maior complexidade, e requerem um maior grau de especialização, recomendamos que as funções de gestão como RH, Finanças, legal etc. se mantenham em um Shared Service Center que apoia os diferentes grupos em suas necessidades, trabalhando em estreita colaboração com a Alma que, nesses casos, assume um papel de efetiva gestão de projetos, que lembra o PMO tradicional.

E embora exista uma similaridade de papéis, como mencionamos anteriormente, há um componente neste modelo que muda a perspectiva com que as áreas trabalham, fazendo com que mesmo essa gestão tenha um olhar diferente: a adição dos fatores de EMOÇÃO e RAZÃO. Por conta disso, a proximidade do time da alma com os Squads e as diferentes funções é maior do que a do tradicional gestor de projetos. Quanto melhor ela conhecer o negócio, suas práticas, o cliente e suas dores, melhor o papel de desenvolvimento da organização poderá ser exercido. Segundo a experiência dos autores, é possível combinar essa maior integração e envolvimento nas iniciativas sem perder a visão gerencial e administrativa, garantindo que as entregas serão feitas da maneira correta e no tempo esperado.

O PLANO SUPERIOR

Como responsável por olhar de maneira geral o que acontece nas diferentes iniciativas e pela capacidade de observar cada uma individualmente, a Alma é também a principal ligação entre as iniciativas em andamento e o corpo diretivo da companhia, que deve estar a par das principais questões que devem ser levadas em conta na organização. Uma das observações mais importantes que tivemos em nossa experiência foi o fato de, em diversas empresas, o papel da Alma ser subestimado e, com isso, acaba se criando muito ruído na comunicação entre as iniciativas e os executivos, com consequências, muitas vezes, desastrosas.

Esse papel estratégico da área deve também ser levado em conta no momento de escolher e definir quem serão as pessoas responsáveis por esse time, além dos conhecimentos necessários em gestão de pessoas e de iniciativas. Ao fim do dia, a Alma é a área responsável por fazer a interface com os demais órgãos da empresa emocional, e precisa ser um representante engajado desta filosofia de trabalho ou a mensagem de transformação pode não chegar de forma adequada ao restante da companhia. Mesmo que não seja responsável diretamente pelos processos de change management, realizados pelo RH, a Alma é, nesse processo, o principal elemento para difundir essa cultura dentro da organização e, em muitos casos, a própria imagem da mudança para o mercado, por ter conhecimento bastante profundo da transformação, e ser o elemento que, ao final, pode falar com mais propriedade sobre seu impacto efetivo nas práticas e nos resultados de negócio.

COMO FAZER ESSA MUDANÇA?

Agora que conhecemos bem os quatro papéis existentes na empresa emocional, e sua relação com outras funções e atividades que existem dentro da organização, surge o maior desafio: como colocar o modelo em prática? Se a Alma é o elemento central desta condução, é preciso considerar uma série de outros elementos que se colocam como desafios no processo de implementação de qualquer mudança nas empresas, e mais ainda em mudanças de mindset de grande porte como estas.

Assim, no próximo capítulo, vamos falar um pouco desses desafios para a criação da empresa emocional, e como, na prática, esses conceitos podem ser aplicados.

CHECKLIST

A Alma é o elemento que conecta todos os demais dentro do ambiente corporativo, e que faz com que a empresa consiga evoluir dentro do modelo que foi criado, atingindo sua maturidade emocional e conseguindo alcançar o patamar de crescimento sustentável, ao mesmo tempo em que estabelece as bases para o planejamento do futuro.

- De que forma a empresa registra e acompanha seus projetos e iniciativas hoje? Existe uma metodologia formalizada e conhecida por todos os envolvidos?

- Ao terminar um projeto, existe algum tipo de prestação de contas em relação ao projeto original, ou quando produtos, soluções e projetos são terminados e considerados entregues não existe o hábito de se avaliar pontos positivos e negativos?

- Existe um processo definido para avaliar o sucesso ou não dos projetos, e uma maneira unificada de registrar o aprendizado nessas situações? Quem faz esse processo e como ele é avaliado?

- Quem cuida do histórico de soluções e discussões na empresa, garantindo que novas iniciativas não repitam erros já cometidos?

- Como é o processo de comunicação dentro da companhia, e de que maneira se faz o engajamento de colaboradores fora das áreas de negócio?

- Qual é o grau de abertura para inovação dentro das diferentes áreas de negócio? Existe uma cultura aberta para o novo, ou uma orientação muito grande para a manutenção de práticas estabelecidas?

- Houve alguma experiência passada de mudança de cultura que possa ser utilizada como referência para entender possíveis bloqueios e impactos? Quem será responsável por definir, acompanhar e avaliar as iniciativas de gestão de mudança, e em que grau da organização?

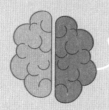

CAPÍTULO 7

Os Desafios da Vida Real

PONTOS-CHAVE DESTE CAPÍTULO

Transformar uma empresa não é um processo fácil, pois envolve mais do que mudar processos ou regras de negócio: é preciso engajar todos os colaboradores nos mais diferentes níveis da organização para conseguir ter sucesso.

O primeiro passo é ter o engajamento dos altos executivos da organização, que precisam estar verdadeiramente comprometidos com o novo modelo da empresa emocional, e que isso seja exposto para a organização não apenas na forma de discurso, mas também seja refletido no dia a dia e nas formas de avaliação de colaboradores, de forma que estimule as equipes a testar a nova forma de trabalhar sem o receio e a pressão de metas não alinhadas.

Agentes de mudança, que sejam símbolos deste processo pela contínua demonstração de uma nova atitude, serão necessários também para multiplicar e disseminar esse conhecimento para a organização em seus diferentes níveis, atuando dentro do modelo mesmo enquanto a empresa ainda se transforma, como o núcleo de uma célula que começa a se multiplicar e acaba por se transformar em um organismo completo.

Se é preciso planejar para que a mudança tenha sucesso. Também é fato que, em uma transformação complexa como esta, é necessário agir rápido a fim de mudar a organização toda para que ela não fique presa em um processo de transição que não traz os benefícios do novo modelo, mas já coloca em xeque o modelo anterior e compromete o futuro da organização.

Agora que conhecemos bem a maneira como a empresa emocional se estrutura, e podemos entender de forma mais clara como este organismo se movimenta e se adapta às mudanças, é chegada a hora de refletir sobre os impactos da adoção deste modelo em uma organização acostumada a trabalhar de uma maneira mais tradicional, mais formal e estruturada. Nas oportunidades que tivemos de apresentar este conceito a audiências distintas, todas as pessoas o entenderam facilmente e concordam que sua utilização pode levar a inúmeras vantagens competitivas, mas, ao mesmo tempo, recebemos muitos questionamentos sobre a real possibilidade de utilizar esta dinâmica em um negócio.

Podemos falar por experiência própria que é possível não só adotar esses princípios em uma organização estabelecida como também iniciar uma empresa como uma startup inteiramente baseada neste modelo, pois tivemos a experiência de seguir este caminho e, ao fazê-lo, pudemos também entender onde estão os principais desafios desta proposta de um ponto de vista absolutamente prático, e não meramente teórico. Assim, nas próximas páginas, vamos discutir alguns dos aspectos a serem considerados por todos aqueles que querem levar sua organização a se transformar em uma empresa emocional e que não devem, em momento algum, serem desconsiderados ou menosprezados.

A RESISTÊNCIA À MUDANÇA

O primeiro ponto a ser considerado, e que é um dos principais elementos definidores do sucesso ou do fracasso desta iniciativa, é a necessidade imperativa de um esforço amplo, coordenado e de alcance corporativo de gestão da mudança, também conhecido como Change Management.

Se em qualquer mudança organizacional essa frente já é significativa, ela se torna ainda mais importante na formação da empresa emocional, pois pede uma mudança que acaba mexendo com os mais variados aspectos da companhia, de sua visão de negócio até seu modo de trabalhar, passando por responsabilidades, estrutura organizacional e indicadores, como vimos nos capítulos anteriores.

A partir do momento em que a organização decide seguir este caminho, é importante que o primeiro passo seja uma iniciativa geral, que alcance desde os níveis de gestão até os níveis de operação, incluindo fábricas, armazéns e todas as posições de linha, em que o conceito da empresa emocional seja apresentado, conforme a figura a seguir:

Figura 7.1: Sequência de formação de colaboradores

OS DESAFIOS DA VIDA REAL

Dividimos os envolvidos na mudança em quatro grandes grupos de referência, que podem, e devem, ser adaptados à realidade de cada uma das organizações, mas que, de maneira geral, refletem as diferentes necessidades de formação que serão encontradas durante o processo de implementação:

- **DIRETORIA EXECUTIVA:** os líderes seniores da organização são a chave para o processo de adoção da empresa emocional, e são os responsáveis por garantir que o restante da companhia entenda quais são seus objetivos, sua maneira de trabalhar, e quais são os comportamentos estimulados no novo modelo, assim como quais são as formas de trabalho que não fazem mais parte do dia a dia da companhia, e que mencionamos ao longo dos quatro capítulos anteriores. Embora o período sugerido, de quatro horas, possa não parecer adequado, consideramos que é tempo suficiente para que os conceitos estejam bem explicados e a dinâmica pela qual se dará o processo de implementação também. Da mesma forma, para esse grupo, não é necessário entrar em profundidade na discussão de papéis e responsabilidades específicos, discussão que se dará com o grupo seguinte, de Líderes de Mudança. Esse grupo deve ser o primeiro a ser apresentado ao conceito e ao planejamento de mudança, para que seja possível definir quem serão os líderes de cada um dos componentes deste organismo vivo, e que o movimento aconteça da forma mais natural possível. Um elemento a ser considerado é a possibilidade dessa discussão ocorrer em etapas, com uma abordagem inicial aos líderes das áreas mais impactadas, de forma a garantir sua adesão e, posteriormente, sua discussão com as áreas de suporte. Embora já tenhamos visto essa estratégia ser utilizada de forma bastante efetiva, também encontramos situações em que a abordagem direta a todo Comitê Executivo gerou menos ruído, por tratar a todos com igualdade e de forma franca, mais em sintonia com o conceito de organismo interdependente que estamos tentando implementar.

- **LÍDERES DE MUDANÇA:** uma vez que os conceitos estejam claros para o grupo de liderança sênior, e a mudança esteja em marcha, é preciso que sejam definidos quem serão os construtores desse processo, as principais bases que vão ser as responsáveis pelos princípios de ação e formarão ao seu redor as equipes de Coração, Mente, Corpo e Alma (falaremos sobre seu perfil um pouco adiante, ainda neste capítulo). Essas são as pessoas na organização que precisarão conhecer mais a fundo os conceitos apresentados neste livro, tornando-se as referências dentro da organização em seu processo de evolução. Essas pessoas — que devem ser escolhidas a partir não apenas de seu histórico na companhia e por seu desempenho em suas funções atuais, mas, principalmente, por seu potencial em funcionarem como catalisadores da mudança e inspirarem o restante do time de colaboradores — são quem recebe o treinamento mais extenso e o maior acompanhamento durante o processo de Change Management. Embora a transferência deste conhecimento não se esgote em uma sessão, recomendamos um intensivo de pelo menos oito horas nesse momento inicial, em que serão discutidos desde os fundamentos da empresa emocional até os impactos de adoção desse modelo na operação específica de cada área e negócio, passando por um alinhamento de abordagem geral de papéis e responsabilidades, para que estes sejam formados como multiplicadores e efetivos símbolos da mudança. O desenho destas sessões deve ser altamente interativo, para que o modelo seja construído não apenas pelos facilitadores, mas principalmente pelos futuros líderes da organização. Um ponto importante a ser considerado dentro deste planejamento é que, idealmente, a partir de sua execução, os líderes de Coração e Mente, ao menos, deveriam passar a se dedicar à estruturação desse modelo e dos times, deixando seus papéis tradicionais durante o processo. Isso é importante tanto para manter seu foco no desenvolvimento da organização quanto para mostrar à companhia que, efetivamente, existe uma motivação para mudança que é maior do que a pura orientação a resultados de curto prazo, alocando talentos da corporação para isso.

- **GESTORES:** uma vez que os Líderes da Mudança estejam treinados e capacitados, o passo seguinte é apresentar este conceito aos demais gestores e é, onde, potencialmente, pode-se encontrar mais resistência. O grupo de gestores atual conquistou seu espaço na organização dentro do modelo anterior, no qual se sente confortável, e, por isso, normalmente, resiste a uma mudança tão forte quanto a que se está propondo. Usualmente, também, essa resistência não é uma resistência explícita, mas uma resistência velada, demonstrada mais em atos (ou na falta deles), do que em palavras ou discussões durante o processo de implementação. Assim, embora o trabalho de gestão de mudança com esse grupo tenha de ser mais profundo e individualizado, levando em consideração o impacto em cada área, também é importante que eles passem por um nivelamento inicial de conhecimento que permita criar ao menos um certo nível de engajamento, e que sinalize para as diferentes áreas como é o processo pelo qual a organização vai passar. Nesse grupo, assim como ocorre com o grupo de Colaboradores, nossa experiência mostra que é melhor dividir as sessões de apresentação em diferentes grupos, criados a partir do grau em que isso os afeta, começando por aqueles que estão no centro da mudança, como os times de marketing, pesquisa, e produto, diretamente impactado pelas configurações de Coração e Mente, e seguindo pelas áreas de tecnologia e produção (que assumem em grande parte o papel do Corpo na maioria das organizações), chegando enfim às áreas chamadas de "áreas de suporte" dentro do modelo tradicional. Além de permitir discussões mais focadas, e também identificar os principais focos eventuais de resistência à mudança, para tratamento posterior, essa abordagem também permite que, a partir de uma base comum, crie-se conteúdos diferentes e adaptados a cada cenário, trabalhando dúvidas específicas e servindo de fonte de informação para construção do planejamento das próximas fases do processo de gestão de mudança — por isso, é importante que sejam criados espaços para discussão do entendimento, expectativas e medos relativos à adoção desses princípios pelos gestores.

- **COLABORADORES**: uma vez que todos os gestores estiverem treinados (e isso inclui todos os níveis de gestão que tenham papéis de liderança, chegando, usualmente, ao nível de coordenadores e supervisores), a última etapa dessa fase inicial de gestão de mudança deve ser uma série de sessões que cubram todos os colaboradores, e que exponham, de forma simples, objetiva e clara, quais são os princípios que norteiam a empresa emocional, o que se espera dos colaboradores nesse processo de mudança, e quais são as principais mudanças que irão ocorrer na organização. Embora essa etapa seja a última, não é de forma alguma menos importante que as outras, pois, para que o organismo corporativo funcione bem, é preciso criar em todo o time a sensação positiva da mudança, e a percepção específica de que essa mudança permite atender melhor às dores e às necessidades de seus clientes, garantindo assim um melhor futuro para a organização e, consequentemente, para seus colaboradores. Essas sessões são, via de regra, mais informativas do que interativas, e recomendamos que elas sejam conduzidas pelos Líderes de Mudança formados anteriormente, de forma a mostrar que o conhecimento necessário para essa transformação já se encontra sedimentado dentro da empresa, o que tem se demonstrado um fator que aumenta a confiança no sucesso da iniciativa em diversas outras situações de gestão de mudança que observamos e acompanhamos.

NUNCA PARAR DE COMUNICAR E ENGAJAR

Esse processo que mencionamos anteriormente é apenas o início de um programa de formação e treinamento que deve ser contínuo e permanente, de maneira a garantir que a companhia segue informada sobre o andamento da mudança e os benefícios que ela trouxe.

Embora a maioria dos projetos de transformação, especialmente no campo digital, costume criar seus próprios informativos e meios de comunicação, imaginando que isso atrai uma maior atenção por parte dos colaboradores, no caso do processo de formação da empresa emocional deve acontecer o inverso, que é a adoção dos meios já existentes, complementados, eventualmente, por novas ferramentas que permitam alcançar cada grupo de forma mais individualizada.

Isso porque, embora estejamos falando de uma maneira nova de se estruturar e organizar um negócio, um ponto-chave para o sucesso dessa iniciativa é que ela seja vista como um processo de evolução, não de revolução, e a formação do organismo pulsante desejado seja natural, com o envolvimento progressivo dos colaboradores de uma forma consciente, reduzindo o atrito e criando um movimento mais suave de transição que afete menos os resultados corporativos — uma vez que, não podemos nos esquecer, esse processo corre em paralelo à rotina atual de cada uma das áreas, que ainda são avaliadas pelos indicadores definidos para o modelo atual, até que se complete a transição para novas formas de medida e de avaliação, compatíveis com o formato e o conceito da empresa emocional.

O fluxo constante e crescente de informação e conhecimento sobre a mudança é importante também para manter o assunto em evidência, e não deixar que ele seja colocado de lado na mente dos colaboradores pelas questões e problemas do dia a dia, terminando por minar a iniciativa por completo.

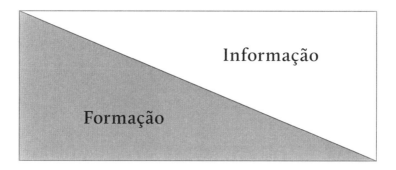

Figura 7.2: O tipo de conteúdo oferecido ao longo do processo de implementação da empresa emocional migra progressivamente de formação para informação, enquanto o modelo se consolida

Além da formação dos líderes de mudança apresentados no item anterior, que funcionam como embaixadores do projeto e, em especial, daqueles que forem escolhidos para liderar cada um dos quatro novos grupos que surgem, em organizações maiores também é preciso fazer um mapeamento das áreas de maior resistência potencial com o objetivo de que sejam desenhados planos específicos para cada uma delas, de acordo com o perfil de seus colaboradores, sua história na companhia e seu papel futuro. Em conversas sobre esse modelo com um executivo de uma empresa líder na área de bens de consumo, por exemplo, identificamos que, em seu negócio, a área de produção tinha um papel central, baseado em conseguir reduções de custo e ganho de escala que permitissem aumentar a margem corporativa, em contraste com uma área de desenvolvimento de produtos e marketing menos representativa, por se tratar de produtos com baixo grau de diferenciação.

Nesse caso, será necessário um plano adicional que leve em consideração a mudança de balanço de forças que acontece no momento que a empresa abandona seu modelo de silos e passa a trabalhar como um organismo vivo, e faz crescer a perspectiva do cliente e as áreas que a representam.

MUDAM AS FORÇAS, MUDAM AS ESTRUTURAS?

Como mencionamos durante todo este livro, a construção da empresa emocional tem um impacto muito grande no modelo de trabalho de qualquer negócio, grande ou pequeno, de produtos ou de serviços, pois mexe com a forma como as áreas se relacionam e, também, com as relações de hierarquia corporativa, já que os times de Coração, Mente, Corpo e Alma trabalham em um modelo muito mais próximo dos Squads ágeis e, assim, a liderança de uma equipe independe de seu grau ou posição dentro da empresa. Embora conceitualmente sempre se mencione o quanto esse esforço colaborativo e de trabalho em equipe é implementado de uma forma simples, a verdade é que, ao fazer esse trabalho, na realidade encontramos alguns pontos de atenção no que diz respeito às relações tanto de poder quanto de subordinação. Em nossa experiência, observamos a importância dos líderes de cada uma das quatro dimensões serem reconhecidos como especialistas em suas respectivas áreas e como líderes do movimento de mudança (como comentado no item anterior), mas que também, de forma prática, tenham efetiva ascendência sobre a performance e a avaliação de seus times e daqueles que fazem parte de seu grupo estendido. Um dos principais itens a se observar com cuidado é a alocação das pessoas envolvidas nas atividades que são tratadas pelo organismo vivo que estamos criando, em contraste com suas atividades fora dos projetos ou iniciativas desse grupo, e que ainda estão dentro do modelo mais tradicional; seja por conta de ainda estarmos no processo de transformação, seja porque, no caso de algumas áreas de apoio ou de suporte, elas terão essa configuração híbrida por demandas da companhia ou do mercado em que atuam. Nesse caso, pode-se estabelecer um conflito entre o gestor daquele recurso e o líder do órgão em que ele atua pelo tempo de alocação, o que é prejudicial para ambos, mas ainda mais para o colaborador que se encontra no meio da discussão.

Observamos que, na prática, quando um recurso inicia seu trabalho em uma dessas peças que compõem a empresa emocional, ainda que possa seguir sob a organização de seu antigo gestor, suas tarefas e atribuições devem ser regidas pelo líder da prática em que está trabalhando, ainda que seja para, em algum momento, deixar de utilizá-lo nas discussões com o intuito de que ele possa se dedicar a tarefas operacionais ou necessárias em sua área de origem. É bastante natural, aliás, que essa divisão aconteça, especialmente no início, quando os papéis ainda estão sendo compreendidos e definidos. Nesse momento, o papel do RH em acompanhar a transformação e auxiliar no amadurecimento de gestores e do modelo é fundamental.

Entendemos ser muito difícil manter o modelo híbrido dentro de áreas de negócio e de produto, pois a dinâmica entre os membros daquela área fica muito difícil, já que se estabelecem parâmetros de avaliação de desempenho e expectativas muito diferentes entre os grupos, o que acaba desmotivando aqueles que permanecem no modelo tradicional e começam a se sentir parte do passado do negócio, não de seu presente e futuro.

O COELHO E A TARTARUGA

Outro desafio a ser enfrentado durante o processo de implementação desta nova metodologia está relacionado ao entendimento, pela organização, sobre a velocidade em que os resultados devem ser esperados, e que aparecerão. Por se tratar de um modelo bastante disruptivo, e que necessita que as pessoas se adaptem a uma forma de trabalhar que muda as relações entre áreas e funções, é natural que a curva de aprendizado seja um pouco mais longa, e os resultados da mudança precisam de um pouco mais de tempo para serem percebidos de forma significativa. Nos casos em que a empresa decidir fazer a mudança por fases, trabalhando dessa forma em algumas unidades de negócio ou projetos antes de mover toda a organização, isso fica ainda mais crítico, já que o resultado palpável é muito similar, em termos de entregas de produtos ou serviços, e as pessoas não envolvidas no processo podem não identificar os benefícios que a mudança trouxe.

Como já mencionamos algumas vezes neste capítulo, a comunicação também é chave para superar esse elemento, já que os colaboradores devem entender o processo de mudança de uma forma positiva e também o tempo, até que ele gere resultados reais, acompanhando a evolução dos times e das pessoas e se possa perceber a influência nos resultados da corporação ou nos negócios.

Um processo de mudança sólido se constrói, como na fábula, com a consciência da tartaruga de que se trata de uma prova longa, de persistência, em que vencer as resistências e o caminho pode tomar tempo e exigir esforço, mas que acelerar esse processo pode consumir uma energia corporativa muito grande e desviar a atenção do negócio. Assim, é preciso trabalhar o processo de evolução em um organismo vivo entendendo quais são o perfil e o comportamento de todos os envolvidos, para construir uma base sólida e de sucesso.

APRENDER É PARTE DO JOGO

Ao longo desse processo evolutivo, nem tudo acontecerá da maneira como foi planejado, pois estamos falando aqui não de uma implementação conceitual ou teórica, mas sim de algo que estará acontecendo durante a operação da empresa, ao lado dos processos tradicionais e, ainda mais, em um ambiente de negócios que tem demonstrado, nos últimos tempos, uma enorme velocidade de mudança.

Assim, ao se tornar uma empresa emocional, a organização precisa se preparar, e preparar seus colaboradores, para que a equipe entenda que erros são parte do processo de aprendizado, e que eles permitirão que a empresa evolua de forma mais rápida, e segura, em direção a esse novo modelo. Essa prática, que tem sido bastante discutida no mundo de negócios, é fundamental em especial no momento de transição, quando os resultados do novo modelo ainda não serão percebidos pela organização, e é inevitável a comparação com o que está sendo produzido pelo restante da companhia. Deve-se ainda evitar que exista a percepção de que esse é um grupo privilegiado, que não tem compromisso com os números e objetivos empresariais, enquanto o restante da empresa se mobiliza para compensar essa alocação.

Uma das maneiras de reduzir esse ruído, e de mostrar à organização que esse time também tem seus objetivos, mesmo durante o período de formação, é trabalhar, para ele, com dois grupos de indicadores em paralelo, experiência que já tivemos de forma exitosa em implementações anteriores de outras metodologias:

- **MEDIDAS DE AVALIAÇÃO:** o primeiro grupo de metas é estabelecido considerando as funções tradicionais dos participantes dos grupos de Coração, Mente, Corpo e Alma, e elas estão diretamente relacionadas às metas dos demais colaboradores da companhia. Essas metas são publicadas e acompanhadas nos sistemas formais de avaliação, e serão a base para prêmios, bônus e todos os demais processos normais da empresa. Além de garantir que há uma base clara de avaliação, esse processo também permite dar aos colaboradores segurança no processo de implementação, pois estarão sendo avaliados por meio de indicadores e objetivos que já conhecem, preocupando-se mais com o processo de formação do time e da metodologia do que em entender formas de medida e garantir seu prêmio.

- **MEDIDAS DE FUTURO:** em paralelo, deve-se estabelecer o conjunto de métricas e indicadores que cada grupo vai seguir a partir da implementação desse modelo, já com objetivos e prazos, da mesma forma como foi feito com o conjunto anterior. A diferença, aqui, é que esses indicadores e métricas serão acompanhados, no primeiro ano, não como os indicadores formais de performance, mas como uma medida de desempenho no novo modelo e como parte do processo de aprendizado. Assim, ao entrar no segundo ano, quando o modelo estará mais estabelecido, os colaboradores já estarão acostumados com o novo modelo de avaliação, o que vai reduzir o atrito e a resistência.

Não recomendamos, nesse caso, o uso do princípio, que é aplicado em algumas empresas, de considerar os colaboradores, nesse período de transição, dentro do grupo que recebe seus benefícios e reconhecimentos, como "dentro da meta", sem medidas específicas de performance. Nos casos que estudamos, observamos que essa medida costuma criar anticorpos no restante da organização e dificulta a posterior integração do time com os demais colaboradores.

INOVAÇÃO DÁ MEDO

Os desafios de uma mudança deste porte, como temos comentado ao longo de todo o livro, são bastante complexos pelo alcance da transformação, mas não são diferentes daqueles enfrentados sem qualquer esforço de Change Management ou de orientação estratégica de uma companhia. Tanto no grupo de colaboradores quanto no grupo de gestão vamos encontrar desde aliados de primeira onda até o grupo de colaboradores que cria uma resistência silenciosa, apoiando publicamente o novo modelo, mas agindo em suas tarefas de dia a dia para evitar que essa mudança se concretize.

O principal trabalho dos líderes da organização e dos líderes de mudança, como as cabeças de cada um dos órgãos que estão sendo criados, é garantir que, apesar dessas resistências, o processo segue em ritmo constante, e a mudança vai permeando a organização de maneira definitiva.

Esse grupo deve ter em mente que, como diversas correntes de pensamento já comprovaram, existe uma resistência natural do ser humano à mudança, causada pela expectativa e pela incerteza do futuro, e à acomodação em relação às práticas já conhecidas. Por construir uma nova estrutura baseada em relacionamentos, em razão e emoção, a empresa emocional precisa do engajamento efetivo de todos os colaboradores para funcionar adequadamente, como um organismo vivo que não pode crescer e se desenvolver sem que todos os seus órgãos funcionem em sincronia e em constante harmonia.

RETER PARA CRESCER

Qualquer empresa, hoje em dia, enfrenta o desafio de reter seus talentos diante das ofertas da concorrência e, ao mesmo tempo, manter-se atrativa para novos colaboradores que possam oxigenar as práticas correntes e garantir o futuro da organização. Entendemos que a adoção do modelo que estamos apresentando neste livro pode ter um papel muito importante nesse processo, pois torna a organização ao mesmo tempo mais moderna, mais fluida e mais leve, permitindo que ela desenvolva e apresente produtos e serviços mais rapidamente e em sintonia com as necessidades reais de seus clientes, identificadas pelo time do Coração. Ao avançar nesse caminho, a empresa se destacará naturalmente no mercado por suas práticas de maneira a se tornar mais competitiva no processo de busca de talentos ao criar um ambiente aberto de colaboração e inovação que permita o desenvolvimento individual das pessoas que nela trabalham, o que é hoje considerado uma das principais razões para que um colaborador decida permanecer em uma empresa ou buscar uma nova oportunidade.

Com práticas ágeis, um modelo colaborativo e estruturas flexíveis que permitem a cada colaborador utilizar suas melhores capacidades em prol da companhia e do objetivo maior, que é resolver as dores do cliente, a empresa emocional, no fim de seu processo de migração, torna-se uma organização-modelo, que pode competir de igual para igual com qualquer outra companhia no processo de atração e retenção de talentos.

CONCLUSÃO

Seja um Catalisador da Mudança

A o longo deste livro, mostramos como uma organização pode incorporar de maneira mais efetiva a perspectiva do cliente dentro de seu modelo organizacional, deixando de usar apenas um discurso sobre práticas centradas no usuário ou no consumidor e passando a, efetivamente, se organizar e se estruturar a partir dessa premissa.

Esta mudança, que leva a organização a deixar de se basear apenas na razão e procura trazer o componente da emoção para dentro dos negócios, abre mais espaço para que os colaboradores inovem, trazendo novos questionamentos e ideias, e formando o que chamamos de organismo vivo corporativo, que se molda de acordo com o que escuta do mercado, e se organiza de acordo com a necessidade de ação daquele momento. Assim, as organizações se transformam em empresas emocionais, que reagem aos estímulos externos de maneira rápida e coesa, mantendo íntegra sua visão e princípios, enquanto se adapta às novas circunstâncias.

Mostramos como formar e desenvolver o time do Coração, que se torna responsável por sentir as dores dos clientes e potenciais clientes, escutando-os e colhendo suas impressões e necessidades para, em seguida, traduzir esse sentimento em algo que possa ser aproveitado pela organização de uma maneira estruturada, fundamentada e traduzida em linguagem de negócios.

Em seguida, apresentamos a Mente, que vai reunir as capacidades da organização no desenvolvimento e na gestão de produtos, e que trabalha a partir das informações trazidas pelo Coração para criar produtos, soluções ou serviços que venham ao encontro das dores identificadas e, ao mesmo tempo, tenham adequação ao modelo de desenvolvimento adotado na empresa e façam sentido dentro de sua estratégia de curto e longo prazos. A Mente, como vimos, também será a responsável por coordenar as atividades que acontecem ao redor do processo de produção, e garantir o engajamento das áreas necessárias em cada momento da discussão, sempre sem perder de vista o olhar do cliente.

Em seguida, tratamos das qualidades e dos componentes do Corpo, que, dentro da organização, é responsável pelas atividades de construção, desenvolvimento e entrega efetiva dos produtos e serviços criados pela organização. Ao contrário dos modelos tradicionais, em que as áreas produtivas são normalmente segregadas durante o processo de planejamento, na empresa emocional o Corpo é envolvido nas discussões sobre os caminhos a seguir desde o início, recebendo os inputs sobre clientes diretamente do Coração, e trabalhando em estreita sintonia com o time da Mente no processo de conceituação e validação de hipóteses, protótipos e produtos. Esse envolvimento permite não só uma maior eficiência da equipe do Corpo, mas também um ganho de engajamento significativo, aumentando a responsabilidade coletiva tanto pela seleção de iniciativas prioritárias quanto pelo resultado a ser gerado pela companhia.

Por fim, falamos da Alma, que completa o grupo de entidades que forma a empresa emocional, e que é responsável pelas atividades de controle e acompanhamento dos projetos executados e dos produtos desenvolvidos, mas que tem também a importante função de acompanhar o desenvolvimento organizacional e garantir que a cada ciclo de desenvolvimento a organização evolui a partir dos aprendizados obtidos.

Escolher o caminho de transformar a organização em um organismo vivo como este que descrevemos é, sem dúvida, uma missão complexa, mas que traz resultados expressivos a partir do momento de sua implementação. É preciso, nesse processo, entender que os líderes dessa transformação devem ser agentes catalisadores da mudança, e que seu comportamento vai definir o sucesso ou não da empresa no futuro, a partir do estímulo às novas práticas, a abertura aos questionamentos inevitáveis que virão com uma maior participação dos colaboradores em todos os estágios de desenvolvimento e produção, e a coragem de estar na linha de frente desta nova onda de mudança organizacional.

Como nos disseram certa vez, é preciso, em momentos como esse, agir como verdadeiros líderes, como os faróis que orientam os navios em meio ao nevoeiro, apontando o caminho a ser seguido de uma forma segura, confiável e estável, mesmo em meio ao clima mais instável. São executivos assim que estarão no comando das empresas emocionais; pessoas com a sensibilidade de entender as dores de seus clientes, mas com a capacidade de liderar de forma tranquila e serena a transformação da organização para atender a essas necessidades.

Agora é com você! Dê o primeiro passo e comece a mudar sua organização, uma ação atrás da outra. Não sabe por onde começar? Saia do escritório um dia, conheça seus clientes, visite seus pontos de venda, saia a campo com seu time comercial. Respire a diferença entre o que seus clientes precisam e o que é oferecido a eles hoje. Entenda o quanto o coração da sua organização realmente bate em sintonia com o que o mercado precisa e, a partir daí, comece a moldar sua empresa para o futuro, formando o time que vai escutar o cliente com profissionais de diferentes áreas e formações como mencionamos no Capítulo 3.

Ainda não está seguro sobre como começar? Vá ao Anexo 2 deste livro. Lá contamos uma experiência prática em que colocamos todo um time para experimentar essa forma colaborativa de trabalho, definindo papéis e responsabilidades em um exercício lúdico e interessante que sedimentou na equipe os conceitos da empresa emocional e acelerou sua adoção.

E seja bem-vindo ao nosso mundo, em que razão e emoção estão juntas para gerar resultados impactantes de negócio.

ANEXO 1

O Manifesto da Empresa Emocional

Em todo processo de mudança é preciso deixar claro para os colaboradores qual é a direção que a empresa decidiu seguir, qual é o caminho pretendido e, no caso da empresa emocional, isso é ainda mais importante, por se tratar de uma mudança significativa na forma como a organização pensa e como ela pretende se estruturar no futuro. Assim, trazemos neste anexo o Manifesto Básico da Empresa Emocional, que pode, e deve, ser adaptado por cada empresa a adotar essa metodologia, incluindo seus valores fundamentais e alinhando-o à sua missão:

> Somos razão e emoção, esquerda e direita, os dois hemisférios do pensamento.
>
> Somos Coração, Mente, Corpo e Alma como um espelho de nossos clientes, e a obsessão por eles corre em nossas veias.
>
> Somos um organismo vivo que sente a dor do cliente para quebrar paradigmas, com a simplicidade como aliada e a singularidade como perfil.

Nos organizamos em tribos, capítulos, Squads e em todas as formas que nos permitam aumentar a velocidade da mudança e aproveitar o melhor de cada colaborador. Somos fluidos, flexíveis e adaptáveis como nenhuma outra organização.

Vivemos interconectados e trabalhamos como um só em nossas casas, nossos escritórios, pelo mundo. Somos catalisadores de mudanças e adotamos o novo respeitando nossas tradições e nossa história.

Pensamos, executamos e evoluímos como um único organismo, e juntos somos maiores do que a soma das nossas capacidades.

Nós somos o farol que ilumina o caminho da mudança e leva a companhia ao verdadeiro caminho de orientação ao cliente.

Bem-vindo ao futuro das organizações.

Bem-vindo à empresa emocional.

ANEXO 2

Desafio do Pinball: A Introdução do Conceito da Empresa Emocional

Uma das primeiras experiências que tivemos na implementação deste conceito ocorreu quando estávamos formando a equipe inicial do laboratório de inovação de uma empresa seguradora em que trabalhamos juntos. Naquele momento, nosso principal objetivo era mostrar para as pessoas envolvidas o poder da colaboração, formando o organismo emocional, independentemente dos papéis de cada um dentro de um projeto ou da organização. Além disso, queríamos mostrar ao time como esse conceito combinava bem com o uso de metodologias ágeis para entregar novos projetos e produtos de forma cada vez mais eficaz e efetiva sem recorrer a treinamentos tradicionais.

Com um time bastante diversificado, e em diferentes níveis de experiência e conhecimento deste tipo de metodologia, era necessário buscar uma maneira de equalizar o conhecimento e o entendimento sobre o modelo ágil e, ao mesmo tempo, apresentar a eles o conceito de Coração, Mente, Corpo e Alma. Foi dentro desse contexto que conhecemos uma iniciativa conduzida por Marcelo Marques, Diretor de TI da MSD, que nos pareceu uma excelente ideia para mostrar, na prática, a forma como esta organização poderia funcionar, e engajar os colaboradores a partir de suas próprias experiências. Nas palavras do próprio Marcelo:

> A aprendizagem organizacional é uma área de conhecimento da Administração de Empresas muito importante, mas infelizmente ainda muito negligenciada pelas empresas. Houve, num passado recente, um movimento importante com várias empresas pensando, cuidando e realizando a gestão do conhecimento. Mas, como sabemos, na primeira crise interna ou externa às empresas, o tema foi considerado "supérfluo", e infelizmente muitas o abandonaram.
>
> Há dois conceitos importantes a serem considerados na aprendizagem organizacional: exploit e explore. O primeiro trata da prospecção, do descobrimento do conhecimento, e mostra como o mesmo pode ser utilizado nas empresas. Já o segundo, explore, mostra como expandir esse conhecimento e como difundi-lo nas diferentes áreas da empresa.
>
> Quando tivemos a ideia do projeto de os próprios funcionários montarem um fliperama dentro da empresa, foi exatamente para realizar o exploit e mostrar e entender como as metodologias ágeis poderiam ser empregadas para fazer algo "desconhecido" — quem teria imaginado montar um fliperama dentro de um escritório de uma indústria farmacêutica? — e, o mais importante, entender e mostrar o uso das metodologias ágeis em projetos de marketing e de vendas.

Mas por que não fizemos o experimento diretamente em um projeto de marketing e vendas? Um dos problemas de "knowledge/learning exploration" é a concentração do conhecimento em certas áreas — por exemplo, conselhos de classe, PMI etc. — que não permitem uso de novos métodos, conceitos ou algo fora da documentação e das atas estabelecidas. Para realizar o experimento em um projeto de vendas ou marketing, precisaríamos passar o mesmo por comitês, ter especialistas das áreas com ideias preconcebidas, várias autorizações e acordos entre áreas... e o projeto se estenderia facilmente por seis meses.

Então a máquina de fliperama foi o projeto escolhido. Todos os processos foram feitos de maneira fora do padrão: da escolha dos participantes aos horários de trabalho, verbas, reúso de equipamentos, custo baixo, entre outros. Mas sempre respeitando o compliance estabelecido e a segurança.

O projeto foi mantido em sigilo entre os participantes e informado ao presidente da subsidiária apenas a duas semanas da entrega. Tanto a entrega quanto o resultado foram um sucesso amplamente discutido pelo escritório e a metodologia ágil foi implementada para os projetos estratégicos apenas três meses depois.

Ficamos muito contentes ao sermos convidados pelo André e pelo Kleber para contarmos nossa experiência. E, mais ainda, por saber que eles toparam o mesmo desafio na empresa onde trabalhavam e que o projeto foi igualmente um sucesso.

As empresas são feitas de pessoas e nada mais natural e inteligente que relacionar o funcionamento de uma empresa a um ser humano. Um avant-garde para uso prático nas empresas que o André e o Kleber propõem.

Assim, inspirado nessa experiência, e com o apoio do Marcelo para adaptar a ideia à nossa realidade, em 23 de outubro de 2019 nasceu um desafio para que a equipe de colaboradores construísse, a partir de um briefing simples, algo lúdico e interativo que pudesse ser apresentado a suas famílias no Dia da Família, que aconteceria no fim de novembro daquele ano, com uma condição: o produto final precisava ser desenvolvido a partir da aplicação dos conceitos da empresa emocional, trabalhando com um único organismo — tudo em um período de aproximadamente um mês.

Seguindo os princípios ágeis, foi criado um Squad multifuncional, com os colaboradores escolhidos de acordo com a possibilidade de colaboração no período de desenvolvimento e de uma forma que permitisse ter dentro do grupo todos as skills necessárias para o entendimento dos processos de colaboração envolvidos. Para que ficasse ainda mais claro o princípio da empresa emocional, em que capacidades e o trabalho cooperativo são mais importantes que cargos, cada uma das pessoas foi associada a uma área que não era a de sua função. Assim, por exemplo, o colaborador que era especialista em tecnologia e testes foi alocado como membro do time do Coração, a especialista em conteúdo assumiu o lugar de PO, como Mente, e assim por diante.

Outra premissa adotada para ampliar o alcance dessa ação foi que o produto/solução desenvolvido pelo time não fosse algo transitório apenas para a data-alvo, mas que pudesse, depois, seguir visível e útil no escritório. Essa solicitação tinha o objetivo, não explicitado ao time, de criar um símbolo do resultado obtido que ficasse sempre visível, e fosse uma lembrança permanente do que se podia atingir com o uso do modelo e da colaboração.

Logo ficou claro para o time que o briefing recebido não era suficiente para poderem definir qual seria a solução e, sem necessidade de qualquer orientação adicional, o Squad iniciou atividades de pesquisa e levantamento sobre quem seriam os visitantes, suas necessidades e as expectativas deles e dos stakeholders sobre o processo; atividades típicas da fase do Coração.

(De forma prática, como exemplo, com base nas pesquisas junto aos potenciais "clientes", desenhou-se a persona, o mapa de empatia e a jornada do usuário. Surgiu então o Guilherme, um homem de 32 anos, pai de uma filha e que tem poucos momentos de descontração na rotina. Essa persona e sua jornada no dia a dia ajudaram a definir o caminho a seguir, que era criar algo que servisse como um respiro em momentos mais tensos no ambiente de trabalho, ao mesmo tempo que seria algo divertido e leve para mostrar a sua família quando visitassem o escritório, dando mais leveza ao ambiente de trabalho.)

Com o consumidor conhecido, a equipe passou para a discussão sobre as diferentes alternativas para materializar esse objetivo, desenvolveu duas hipóteses de solução — óculos de realidade virtual e o pinball — e determinou quão complexo era desenvolver cada uma delas no tempo disponível. Então, apresentou ao executivo responsável, o Kleber, as hipóteses, com diferentes impactos, custos e o esforço necessário para que escolhesse uma delas, realizando o trabalho previsto para o time da Mente e, a partir dessas conversas, definiu-se que a alternativa mais viável e possível de ser construída com o tempo e os recursos disponíveis era uma máquina de pinball. Até aqui, havia se passado quase dez dias de trabalho, deixando ao grupo vinte dias para a execução e o teste do projeto

Com o produto definido, iniciou-se o trabalho de todos os integrantes do grupo para mapear o que era necessário comprar e fazer para ter, ao final do período, uma máquina de pinball baseada em duas TVs, (usando por modelo máquinas similares encontradas na internet). Também, usando os conceitos da metodologia ágil, dividiram o tempo restante em três sprints de dez dias, fazendo o planejamento da primeira delas (e depois, de forma similar, para as duas seguintes, realizando todas as atividades previstas no modelo ágil: sprint planning, daily, sprint review...). Uma das primeiras decisões, por exemplo, foi a de não terceirizar nenhum trabalho. Para evitar potenciais atrasos de fornecedores, toda a carpintaria, eletrônica e programação seria feita pelo próprio grupo. (De nossa parte, ao fazer a proposta, colaboramos para que eles chegassem a essa decisão ao estabelecer um limite de orçamento que, sabíamos, seria suficiente para a aquisição das peças, mas não para contratação de terceiros com o intuito de fazer o processo, já que o objetivo era aumentar a integração e a colaboração entre os membros do time, e não ter um equipamento "profissional".)

Ao longo da fase de execução, e agindo como o Corpo, o time foi seguindo as etapas necessárias para construção, quando surgiu um fator inesperado: um dos membros do grupo sofreu um acidente e, em uma fase crítica, precisou ficar afastado por dois dias do escritório. Isso exigiu do time uma ação rápida, que envolveu mudar papéis no time e buscar ajuda externa dentro da organização para as tarefas que ficaram pendentes — nesse caso, a importante montagem do gabinete em que as TVs seriam encaixadas.

Sem planejarmos, esse fato também acabou mostrando como é importante que um time conheça os recursos de que dispõe na organização, e como a tarefa de construção colaborativa, às vezes, precisa do valor de colaborações pontuais sem que isso quebre a harmonia do grupo ou interfira nos objetivos do projeto.

Apesar de todo o planejamento, dois dias antes do evento, ainda havia muito a ser feito, e na véspera os vidros e as molduras da máquina estavam sendo instalados enquanto a adesivação da identidade visual era terminada. Durante a tarde desse último dia, a equipe ainda encontrou tempo para realizar uma última atividade que pedimos: fazer a Retrospectiva, uma reunião feita para que o Squad pudesse compartilhar os aprendizados que teve durante o projeto — representando, nele, o papel esperado da Alma. Na retrospectiva ficou claro que esse processo ajudou a equipe a mudar seu mindset e a trabalhar de maneira mais efetiva, com maior senso de urgência, organização e boa comunicação, formando um organismo flexível e adaptável, com práticas que podiam ser repetidas nos projetos que viessem a surgir.

E assim, no dia do evento, o time apresentou a seus familiares (e aos executivos, pois fizemos questão de deixar o time trabalhar sem o envolvimento dos líderes, mostrando também a nós, e a eles, o poder e a capacidade dessa metodologia na prática) uma máquina totalmente funcional de pinball, com quatro jogos diferentes, instalada no escritório e disponível para todos, em seus momentos de lazer e descontração, e que até hoje permanece no escritório, fazendo com que alguém sempre pergunte sua história e ajudando a reforçar os conceitos por trás do projeto. (Se você ficou curioso para saber como a máquina ficou, entre em contato conosco. Teremos prazer em contar a história com mais detalhes e compartilhar as fotos do resultado.)

ANEXO 3

A Visão de Quem Participou

Como reforçamos ao longo de todo este livro, a empresa emocional é, acima de tudo, feita por pessoas. Assim, acreditamos que nada melhor para encerrar este livro do que trazer alguns depoimentos de pessoas que passaram conosco pela experiência de viver e trabalhar dentro deste modelo como parte dos times de Coração, Mente, Corpo e Alma, e por isso os reproduzimos a seguir:

> Fazer parte da empresa emocional me transformou positivamente em diversos aspectos. Acho que um dos principais foi ver a importância de trabalhar em um grupo multidisciplinar, de como isso é importante para pensar e construir soluções que de fato fazem sentido para usuários e para o negócio. No fim do dia, era sobre cada um dar um pouco do seu melhor para aquele ecossistema. E por estar nesse ambiente de trabalho, que colocava as pessoas em primeiro lugar, foi interessante praticar a empatia, a comunicação, o respeito, a troca de aprendizado e tantas outras coisas

que me tornaram uma profissional melhor. Outro ponto, que eu considero como algo muito positivo nesta passagem, foi ter a oportunidade de ver que é possível mudar. Lembro que logo na minha primeira semana na empresa emocional, em uma conversa com um dos líderes, alguém comentou: "O interessante de sermos múltiplos e trabalharmos em prol de um propósito é que estamos sempre aprendendo um com o outro, e, se amanhã alguém que está em uma posição de cientista de dados quiser virar um UX, ele vai poder fazer isso." E eu fui a prova viva dessa mudança, entrei lá como UX Writer e no meio do caminho passei por uma transição para Product Owner, e o melhor: descobri que eu amo fazer isso, mas que minha bagagem segue comigo para que eu me diferencie de alguma forma. Sinto apenas gratidão por tudo o que esse time viveu e fez, além de muita felicidade por ter feito parte disso.

— BEATRIZ CAETANO, UX WRITER E PO.

Pertencimento! Esse é o sentimento que vivi fazendo parte de uma empresa com o conceito Coração, Mente, Corpo e Alma. Éramos todos empreendedores, sócios e, ao mesmo tempo, funcionários CLT de uma empresa de inovação digital de seguro de vida. Um organismo vivo no qual todas as células trabalhavam com o mesmo objetivo!

— LAYS DANTAS, PO.

Quando penso naquela época, a sensação que me toma é de orgulho e saudades. Conseguimos formar um time que, por mais diverso que fosse, era um time que se escutava, se adaptava e que não desistia. Muitos momentos não foram fáceis, mas a união, o comprometimento e a parceria estavam sempre presentes. Não havia uma pessoa que não estivesse disposta a ajudar. Era literalmente "ninguém solta a mão de ninguém". E isso não tem preço!

— KARINE SCIAROTTA, HR BUSINESS PARTNER.

O ser humano é incrível. Cada vez mais entendemos de onde viemos, como nosso corpo funciona (e como se conserta o que às vezes não anda funcionando), mas a verdade é que, apesar de sabermos muito sobre nós mesmos, com certeza ainda há muito mais a se descobrir e a entender do que de fato temos conhecimento. Agora, algo que já é sabido há muito tempo é que tudo no ser humano está intrinsecamente interligado e há inúmeros exemplos que demonstram essa conexão, dos mais triviais aos mais complexos: se estamos com fome, corremos o risco de ficarmos mal-humorados; a depender do que comemos, nosso corpo tem respostas psicológicas distintas; se estamos apaixonados, nosso coração acelera; se nossa mente está em ordem, temos um desempenho melhor em atividades físicas e/ou profissionais; se não está, até certas doenças podem aparecer; e, se estamos doentes e somos estimulados com pensamentos e sentimentos positivos, temos vários exemplos na medicina nos quais a chance de cura aumenta...

Se, para uma empresa existir, ela depende de ter clientes, e se todos eles, direta ou indiretamente, são seres humanos e funcionam dessa forma, então parece perfeitamente plausível realmente estruturar uma organização sob a analogia da própria imagem desse ser humano. Ou seja, se para nosso corpo funcionar na sua melhor capacidade todos os nossos órgãos precisam estar em pleno funcionamento e conexão, se uma empresa não funcionar assim, ela estará fadada a lidar com sintomas dos piores possíveis e, eventualmente, a pior das consequências: o fracasso.

Sendo assim, quanto mais integradas forem as áreas de uma empresa, quanto mais elas aprimorarem sua comunicação e sua conexão, e quanto mais forem estimuladas a estarem unidas pelos mesmos propósitos — e metas corporativas —, maior a chance de alcançarem sucesso e obterem clientes não só satisfeitos, mas genuinamente encantados.

— MAURÍCIO MAGALHÃES, LÍDER DE UX/UI.

Em 2019, prestes a completar meio século de vida e trabalhando numa das maiores consultoria do mundo, inesperadamente e sem entender os motivos, sou demitido. Meses depois, um amigo me convidou a participar do processo seletivo para Cientista de Dados na PruSol. Naquele momento, passado o choque e a mistura de sentimentos ruins, me contentava apenas em voltar ao mercado, sem maiores pretensões. Por mais de 25 anos vivo a evolução das tecnologias de ciência de dados. Sou um "BIssauro", um pioneiro do BI no Brasil. Atuei por grandes consultorias, entreguei vários projetos em seguradoras, então me senti apto a ocupar a posição, mas não parecia haver um desafio maior ou novidade na oportunidade. Naquele momento, eu não imaginava o que estaria por vir. A PruSol era uma startup incubada dentro de uma corporação centenária. O escritório recém-inaugurado era incrível. Mesa de pingue-pongue e Post-its nas paredes davam o ar de descontração e modernidade. Meu onbording foi algo inédito, uma sensação de pertencimento desde o primeiro dia, quando assinei o mural de colaboradores ao lado de um expressivo manifesto sobre inovação. Falar em transformação digital, metodologia ágil e quebrar paradigmas são desafios em qualquer empresa, mas em particular num negócio tradicional como seguros. Contudo, éramos um time de profissionais talentosos, criteriosamente selecionados, com executivos hábeis à altura do desafio. Sempre trabalhei exclusivamente com profissionais de tecnologia e de repente me vi rodeado de jornalistas, designers, marqueteiros, agilistas. Pessoas com uma diversidade de conhecimentos, experiências, ideias e idades. No início, foi difícil. Por vezes, não compreendi e não fui compreendido. Mas queria fazer parte daquela história, ciente que algumas pessoas não me aceitavam. Coube a mim tomar uma decisão: desistir ou virar o jogo. Escolhi a segunda opção. Meu primeiro desafio na PruSol foi inusitado. Criaríamos um produto físico, não um software, aplicando a nossa metodologia. Montamos um Squad, seguimos cada etapa da metodologia à risca, engajamos outros colegas.

O Coração do produto era uma complexa combinação de tecnologias, então assumi a responsabilidade e o risco dessa entrega, enquanto o time se dedicou à montagem da estrutura, acabamento e design. Entregamos o produto, um Pinball Virtual, lindamente acabado e funcionando perfeitamente poucas horas antes do evento de lançamento. A sensação de realização gerou um sentimento de união, de trabalho em equipe e que juntos conseguiríamos fazer qualquer coisa. A partir daí, iniciou-se uma rica jornada de conceber e criar produtos para a Prudential, buscas por soluções inovadoras que agregassem valor ao negócio e um trabalho eficiente com times offshore. Criamos uma nova plataforma de suporte a vendas para parceiros, reimaginamos legados, ampliamos nossa atuação a outros pilares da companhia. Em 2020 a PruSol foi incorporada à Prudential do Brasil e seus membros remanejados nos times de Digital, TI, RH. Nossos produtos chamaram a atenção da matriz e hoje estão sendo alavancados para uso em outros países e mercados, prova de que deixamos a nossa marca na companhia.

— RUY FARIA, CIENTISTA DE DADOS.

Quando fui convidada a me juntar ao time da PruSol, ainda com cerca de quatro ou cinco pessoas, eu não imaginava o enorme desafio que teríamos. Em um dos primeiros dias de trabalho, André Veloso e Kleber Couto me apresentarem o conceito Coração, Mente, Corpo e Alma com poucos rabiscos em um quadro branco. Fiquei impactada com a simplicidade e a potência do conceito. Me identifiquei na hora. Sabemos que a metáfora do "organismo vivo" para o ambiente empresarial não é nova, diversas literaturas já falam sobre isso há tempos, mas transpor isso em um método de trabalho implementável e factível, em que cada membro tem uma função vital, com autonomia e que gera energia colaborativa para todo o grupo, é um grande diferencial. Sim, pois isso funcionou ao vivo e a cores! Não vou negar que foram muitas horas de discussão, de testes de hipóteses, de idas e vindas. Muitas dúvidas, como todo início de grande projeto. Mas fomos evoluindo, preenchendo cada lacuna desse organismo vivo. E, assim, aqueles rabiscos foram ganhando forma, ganhando nomes e sobrenomes para cada função vital. Eu me tornei a Mente, o que me deu bastante satisfação, não posso negar. Como não poderia ser diferente, criamos um método de trabalho ágil e eficiente. Viajamos para o Vale do Silício e Bangalore carregando o conceito embaixo do braço. Acreditamos na ideia e a colocamos para rodar. Não apenas eu, mas todo o time, e acho que isso fez toda a diferença. Escrevo aqui essas linhas, confesso, com um pouco de nostalgia, pensando o quanto me diverti e aprendi com o "Coração, Mente, Corpo e Alma". Afinal, é isso que vale, né?

— VIVIAN MUNIZ, DIRETORA DE PRODUTOS.

BIBLIOGRAFIA

ALLEN, J.; ZOOK, C. A Mentalidade do Fundador. Barueri, SP: Novo Século Editora, 2016.

BARROS FILHO, C.; LIMA, A. Inovação e Traição: Um ensaio sobre fidelidade e tecnologia. Petrópolis: Vozes Nobilis, 2017.

BAUMAN, Z. Modernidade Líquida. Rio de Janeiro: Zahar, 2021.

BAUMAN, Z. Tempos Líquidos. Rio de Janeiro: Zahar, 2021.

BAUMAN, Z. Vida Líquida. 2ª edição, Rio de Janeiro: Zahar, 2007.

BRETT, J. Evolving Digital Leadership. Rio de Janeiro: Alta Books, 2019.

BRYNJOLFSSON, B.; McAFFE, A. A Segunda Era das Máquinas. Rio de Janeiro: Alta Books, 2014.

CASE, S. A Terceira Onda da Internet. Rio de Janeiro: Alta Books, 2019.

CLANCY, K.; KRIEG, P. Your Gut is still not smarter than your head. Nova Jersey, US: John Wiley & Sons, 2007.

DIAMANDIS, P.; KOTLER, S. Abundância: O Futuro é Melhor do Que Você Imagina. Rio de Janeiro: Alta Books; 2019.

FREIRE, M. V. Resolva! 3ª edição, São Paulo: Editora Gente, 2020.

HEATH, C.; HEATH, D. Switch-When change is hard. Nova York: Random House Business Books, 2011.

ISMAIL, S. Organizações Exponenciais: Por que elas são 10 vezes melhores, mais rápidas e mais baratas que a sua (e o que fazer a respeito). Rio de Janeiro: Alta Books, 2019.

KNAPP, J. Sprint: How to Solve Big Problems and Test New Ideas in Just Five Days. Nova Jersey: Simon & Schuster, 2016.

KOUZES, J.; POSNER, B. O Desafio da Liderança. 6ª edição, Rio de Janeiro: Alta Books, 2018.

NILEKANI, N. Imagining India: Ideas for the New Century. Londres: Allen Lane, 2009.

RASKINO, M.; WALLER, G. Digital to the Core: Remastering Leadership for Your Industry, Your Enterprise, and Yourself. Londres: Routledge, 2015.

RIES, E. A Startup Enxuta. Rio de Janeiro: Sextante, 2019.

ROGERS, D. Transformação Digital: Repensando o seu negócio para a era digital. Belo Horizonte: Autêntica Business, 2017.

SANTOS, M.; LEME, M.; JUNIOR, S. Indústria 4.0: Fundamentos, perspectivas e aplicações. São José dos Campos: Editora Érica, 2018.

SUTHERLAND, J. Scrum: A arte de fazer o dobro do trabalho na metade do tempo. 2ª edição, Rio de Janeiro: LeYa, 2016.

WESTERMAN, G.; BONNET, D.; McAFEE, A. Liderando na Era Digital. São Paulo: M. Books, 2015.

SOBRE OS AUTORES

ANDRÉ VELOSO tem mais de vinte anos de experiência na área de Marketing em diferentes indústrias, tendo liderado projetos de CRM e Transformação Digital para companhias como Roche, MSD, Pfizer e Prudential, onde hoje é Diretor de Soluções Digitais. Antes de ocupar essa posição, foi Diretor da unidade de negócios de Saúde da Webedia, onde cuidava do *Minha Vida*, o maior portal de saúde do Brasil com mais de 54 milhões de visitas por mês. Além disso, liderou também projetos de consultoria em relacionamento com clientes em diversos países da América Latina e em Portugal nas áreas de telecomunicações, finanças, indústria automotiva, entretenimento, farmacêutica e agro. Foi professor universitário de graduação, pós-graduação e MBA, também palestrante e autor de *A Hora da Recompensa*, com Thelma Rocha, e colaborador de dois outros livros sobre Atendimento a Clientes e CRM. Publicou ainda diversos artigos no Brasil e no exterior desde 1999.

KLEBER COUTO atuou em cargos de liderança em grandes empresas multinacionais por mais de vinte anos, é bacharel em Ciência da Computação com especialização em Marketing, MBA em Inovação e com passagens em empresas como Roche, Unilever, Abbott, Shire e Prudential, onde foi Vice-presidente para a América Latina. Dedicou sua trajetória profissional a construir times de alta performance para ajudar as organizações a repensar o modelo de negócios e principalmente direcionar o uso da tecnologia como importante aliado ao crescimento e à capacidade de entender e atender às demandas do mercado. Atualmente é cofundador e CTO da NexaVita, holding patrimonial que reúne empresas do segmento do luto (death care).

AGRADECIMENTOS

Quando Kleber e eu trabalhamos juntos pela primeira vez, surgiu a ideia de escrevermos um livro sobre a experiência que tivemos e o que acreditávamos ser um meio de transformar as empresas para serem efetivamente orientadas ao cliente. Agora, pouco mais de 15 anos depois, finalmente concretizamos esse plano, e só posso agradecer ao Kleber por ter sido um grande parceiro nesta longa jornada, como colega de equipe, amigo, coautor paciente com as minhas dúvidas e questões e, especialmente, como líder de todo o projeto da PruSol, no qual pudemos colocar em prática nossas ideias e perceber o potencial que elas tinham de mudar o mundo. Trabalhamos juntos duas vezes, e espero ansioso pela próxima.

Ao time da PruSol, eu agradeço por ter estado conosco nessa jornada tão incrível, e por ter se entregado de corpo e alma (sem trocadilhos) ao modelo que nós propusemos, e por ter colaborado para amadurecer e transformar o que eram conceitos em uma metodologia bem estruturada — e ainda mais por construírem um fliperama e fazerem os melhores Happy-Hours que um time já teve. Rizzo, Lays, Ale, Nina, Herlani, Fabio, Mauricio, Tharsis, Bia, Flavia, Adriano, Karine, Ju, Ruy e Vivi, sem vocês este livro não existiria. Para mim, vocês são coautores de coração. Marcelo Marques, obrigado por dividir conosco o desafio do Pinball, e pelo apoio de sempre. Tenho orgulho de ser um Tiozão da Firma.

Durante o período em que criamos este conceito e escrevemos este livro, passei também pela recuperação de um pequeno acidente e de uma cirurgia e, nesse período, pude contar com o melhor amigo que poderia ter para me manter motivado e não desistir. Thiago Shirata, uma parte deste livro também é sua.

E, o mais importante de tudo, agradeço também à minha família, base de tudo o que eu sou. Aos meus pais, um agradecimento especial por sempre me incentivarem a ler, o que me fez ter vontade de ser escritor um dia. Katia, Manu e Ale, vocês são um raio de sol diário na minha vida, e tenho muito orgulho da família que estamos formando. Obrigado por criarem um ambiente de estímulo e me dar as condições de me dedicar a este projeto.

Katia, obrigado por apoiar todos os meus projetos, por mais malucos que sejam, por rir das minhas piadas ruins, ouvir as mesmas histórias várias vezes, e estar sempre ao meu lado. Não consigo imaginar mais a minha vida sem você. Maria Manuela, obrigado pela sua energia, pela sua alegria, pelas dancinhas de Tik Tok que me distraíam quando estava difícil pensar e eu precisava de um tempo. Você tem um futuro incrível pela frente, e eu quero estar ao seu lado para ajudá-la neste caminho.

Alexandre, meu filho, não há nada que eu faça neste mundo que não seja pensando em você. Orgulho-me todos os dias de ser seu pai, e de cada conquista sua. O mundo não tem limites para você, e eu nem consigo imaginar aonde você pode chegar. Espero que este livro seja para você um pequeno exemplo do que podemos fazer quando nos dedicamos, e que um dia, ao lê-lo, você tenha tanto orgulho de mim quanto eu tenho de você.

E, ao leitor que chegou até aqui, um agradecimento por nos acompanhar nesta jornada. Que você seja também, como nós, um elemento transformador em um mundo que precisa tanto como este em que vivemos.

Contato: acrveloso@gmail.com

AGRADECIMENTOS

Na longa caminhada até a publicação deste livro, muitas pessoas contribuíram de diversas formas, e este trabalho jamais teria sido possível sem o apoio fundamental de cada uma delas, a quem sou grato de todo o coração.

À minha esposa, Ana Carolina, pela paciência e pelo suporte nas longas horas dedicadas à pesquisa e à produção deste material, por acompanhar e aconselhar caminhos e soluções nos dilemas do dia a dia e, principalmente, pelo carinho, cuidado e dedicação à família, aos filhos e a mim nestes mais de 15 anos de vida em comum.

Ao André Veloso, grande amigo de décadas e coautor desta obra, um gênio com quem tive a oportunidade de trabalhar junto em duas oportunidades, na Roche Farmacêutica e na Prudential Seguros e que, pela sua incrível capacidade analítica e habilidade em comunicação e liderança, transformou uma inicial troca de ideias despretensiosa em algo verdadeiramente grandioso e transformador.

A todo o time da PruSol (Prudential) por ter confiado nesta proposta de mudança e se dedicado com afinco para tornar uma ideia ainda insipiente em realidade, uma proposta de metodologia ainda a ser testada e amadurecida em um modelo consistente de mudança e transformação organizacional. Adriano Ferreira, Alessandra Almeida, Andre Rizzo, Beatriz Caetano, Clarissa Oliveira, Eluard Moraes, Fabio Silva, Flavia Longo, Herlani Junior, Juliana Marques, Karine Sciarotta, Lays Dantas, Mauricio Magalhães, Ruy Faria, Tharsis Thomazelli e Vivian Muniz, um grande abraço a todos e meu sincero desejo de muito sucesso em suas carreiras.

Que essa experiência única vivida possa contribuir no desenvolvimento profissional e pessoal com o mesmo efeito e impacto transformador que tem sido para mim.

Saudações olímpicas ao amigo, sócio, medalhista olímpico, executivo, empresário, empreendedor, palestrante, escritor, mentor, líder inspirador e tantos outros adjetivos, Marcus Vinícius Freire. É uma honra e uma felicidade enorme ter sua contribuição no prefácio deste livro. Sua liderança inspiradora foi importantíssima na minha trajetória, afinal, foi ao ler o seu primeiro livro, *Resolva!*, em 2014, que tracei uma meta pessoal de também escrever um livro para compartilhar conhecimento e experiências. Missão dada é missão cumprida. Este livro é o resultado da sua incrível capacidade de influenciar e inspirar pessoas.

Um obrigado especial à minha mãe, Dalva, e ao meu irmão, Tito, minhas grandes referências na vida. Para concluir, deixo registrado aqui um grande beijo aos meus filhos, Davi e Lara, e aos meus sobrinhos Felipe, Bruno e Benício. Que o mundo corporativo seja ainda melhor quando vocês crescerem e que vocês possam usufruir dos benefícios da incrível capacidade humana de aprender com os erros e evoluir continuamente. Que esta obra possa ajudar e influenciar os líderes a ter um olhar diferente para os desafios complexos das organizações e que possam, por meio do conhecimento, trazer soluções construídas com paixão, inteligência, colaboração e propósito. Sentir, Pensar, Construir e Evoluir. CORAÇÃO, MENTE, CORPO e ALMA.

Contato: kleber.couto@live.com

ÍNDICE

A

Abordagens inovadoras 101
Acomodação 26
Agentes de mudança 125
Alma XII, 109
    Biblioteca de Ideias da 115
Análise
    de capacidade de desenvolvi-
        mento 73
    de Churn 60
    de impacto 71
    de potencial de mercado 72
    de viabilidade financeira 73
Ansiedade corporativa 65
Apple 26, 49
    iPhone 26
Aprendizagem organizacional 152
Aproveitamento corporativo 44
Áreas de necessidade 45
Autoisolamento 19

B

Blockbuster 22
Burguesia 3
    ascensão ao poder 3
Business Owner 77

C

Capacidade produtiva 104
Capacidades
    corporativas 41, 69
    importantes do sucesso 2
        agilidade 2
        flexibilidade 2
Capitalismo comercial 4
Cenários futuros 46
Change Management 128, 141
Chris Zook 23
Ciclo de vida do produto 84
Ciclos de produção 104
Comoditização de produtos e servi-
    ços 25
Conhecimento
    corporativo 39
    do cliente 38
    técnico 94
Construção colaborativa 157
Conteúdo atualizado e ajustado 53
Continuidade do negócio 46
Coração XII, 35
    conhecimento 42
    pesquisador do 43
Corpo XII, 89
Criação de soluções 39

EMPRESA EMOCIONAL

D

Descoberta
  do aço 5
  do petróleo 5
Design
  centrado no produto físico 49
  centrado no usuário 49
  de serviços 49
Design Thinking 95
Doutrina econômica mercantilista
  4

E

Elementos disruptivos 41
Empresa emocional 13
Enclosure Act (Lei do Cercamento
  dos Campos) 4
Energia corporativa 28, 139
Engajamento efetivo 142
Entropia corporativa 20
Equipe Core 116
Escuta ativa 43
Esforço colaborativo 136
Especialista de Conteúdo (Content
  Expert) 52
Especialização 94
  de funções 14
Especificação técnica 97
Estrutura corporativa 14
Expectativas de desenvolvimento
  104
Experiência 47
  de interação 52
  do cliente 49

F

Foco no cliente 38
Fórum Econômico Mundial 10
Future Thinker 46

G

Google 23
Grau
  de complexidade de implemen-
    tação 98
  de utilização contínua 56
Grupos de referência 129
  Colaboradores 132
  Diretoria Executiva 129
  Gestores 131
  Líderes de Mudança 130

H

Hábitos de consumo 46
Hierarquia corporativa 136
História do capitalismo 3

I

Ideia disruptiva 72
Indicadores tradicionais de marketing 54
Indústria
  4.0 8
  da publicidade 6
Inovação 99

ÍNDICE

J

James Allen 23
John Yvi 49
Jornada do cliente 50

K

Klaus Schwab 8
Kodak 22
KPIs 117
   corporativos 88

L

Longevidade do negócio 47

M

Mapeamento de possibilidades 46
Meios de comunicação em massa 6
Mente XII, 61
   indicadores da equipe da 79
      de andamento 79
      de eficácia 79
   os papéis da 75
Mercados de massa 25
Metodologia ágil 54, 74, 101
Modelo
   ágil de Squad 75
   de cascata 74
   de negócios 1
      repensar o 1
Mudança organizacional 147
Mundo globalizado 2

N

Necessidade de mudança 14

O

Obsessão pelo cliente 39
Organismo
   corporativo 41, 133
   vivo corporativo 145
Organizações
   duradouras 24
   tradicionais 14
      segmentação das estruturas
      14

P

Papéis organizacionais 48
Pensamento sistêmico 17
Pequenas startups 26
Percepção do cliente 102
Performance de testes 104
Período de transformação 90
Permanência/Churn 56
Pesquisa de mercado 43
Práticas
   corporativas 118
   de PMO 78
Processo
   colaborativo 62
   de aprendizado 109
   de evolução 134
   de priorização 97
   evolutivo 28
   produtivo 103
Product Owner 76
Produtos sustentáveis 11

177

EMPRESA EMOCIONAL

Propósito da organização 46
Público-alvo 45
   identificação com seu 45

R

Radar corporativo 39
Realidade do negócio 44
Recursos corporativos 115
Redirecionamento corporativo 73
Responsabilidade corporativa 74
Resultados corporativos 57, 134
Revolução Industrial 1, 3
   Primeira 3
   Quarta 1, 8
   Segunda 5
   Terceira 6
Rituais de evolução 104

S

SCRUM Master 77
Senso evolutivo 112
Silos
   corporativos 21
   de conhecimento 14
Sinapses 80
Sony 26
   Walkman 26
Storytelling 53
Surgimento da eletrônica 7

T

Transformação digital 22
Turnover 115

U

Uber 27
UI (User Interface) 51
UX (User experience) 50

V

Valor corporativo 47
Verdadeira percepção do cliente 43
Viabilidade técnica e financeira 61
Viés inconsciente 96

Y

Yuval Noah Harari 2

Z

Zygmunt Bauman 2
   modernidade líquida 2

Projetos corporativos e edições personalizadas dentro da sua estratégia de negócio. Já pensou nisso?

Coordenação de Eventos
Viviane Paiva
viviane@altabooks.com.br

Assistente Comercial
Fillipe Amorim
vendas.corporativas@altabooks.com.br

A Alta Books tem criado experiências incríveis no meio corporativo. Com a crescente implementação da educação corporativa nas empresas, o livro entra como uma importante fonte de conhecimento. Com atendimento personalizado, conseguimos identificar as principais necessidades, e criar uma seleção de livros que podem ser utilizados de diversas maneiras, como por exemplo, para fortalecer relacionamento com suas equipes/ seus clientes. Você já utilizou o livro para alguma ação estratégica na sua empresa?

Entre em contato com nosso time para entender melhor as possibilidades de personalização e incentivo ao desenvolvimento pessoal e profissional.

PUBLIQUE
SEU LIVRO

Publique seu livro com a Alta Books.
Para mais informações envie um e-mail para: autoria@altabooks.com.br

 /altabooks   /alta-books   /altabooks /altabooks

CONHEÇA OUTROS LIVROS DA **ALTA BOOKS**

Todas as imagens são meramente ilustrativas.